하루 **10**분 **100**일 완성

GO! 독학
태국어 패턴 100

권하영 지음

S 시원스쿨닷컴

초판 1쇄 발행 2022년 8월 19일
초판 3쇄 발행 2024년 11월 1일

지은이 권하연
펴낸곳 (주)에스제이더블유인터내셔널
펴낸이 양홍걸 이시원

홈페이지 thai.siwonschool.com
주소 서울시 영등포구 영신로 166 시원스쿨
교재 구입 문의 02)2014-8151
고객센터 02)6409-0878

ISBN 979-11-6150-622-7
Number 1-430301-18161808-04

저자의 말

"지금 여러분의 태국어 실력은 어느 정도인가요?"

왕초보 도서로 공부하기에는 이미 알고 있는 내용이 대부분이고, '나 태국어 좀 해'라고 말하기에는 조금 부족함을 느끼셨다면 지금 여러분은 《GO! 독학 태국어 패턴 100》이 필요한 때입니다.

태국어를 배울 때 많은 양의 단어를 공부하여 문장 만드는 연습을 하는 것도 좋은 방법이지만, 태국 현지에서 많이 쓰이는 표현 속 패턴을 학습하여 이를 응용하는 것이 필자는 더 효율적인 학습법이라고 생각합니다. 그래서 태국 현지인이 가장 많이 사용하는 100개의 패턴 표현을 엄선하여, 실생활에서 바로 꺼내 쓰기 좋은 예문을 수록하기 위해 고민하고 또 고민하였습니다.

태국어 말하기를 집중적으로 공부하고 싶으신 분, 태국어를 자유롭게 말하고 싶으신 분, 쉽고 재미있게 태국어를 공부하고 싶으신 분, 태국인과 대화할 수 있는 실용적인 표현을 배우고 싶으신 분, 왕초보 다음 단계의 태국어를 공부하고 싶으신 분 모두 《GO! 독학 태국어 패턴 100》을 펼쳐 보세요. 문장을 떠올리는 동시에 태국어가 입에서 술술 나오는 기적을 경험하실 수 있습니다.

이 책을 통해 태국어를 학습하시는 모든 분들이 쉽고 재미있는 방법으로 태국어와 더욱 친해지시기를 기대합니다. 끝으로 이 책에 많은 노력과 관심을 기울여 주신 시원스쿨 관계자분들과 저의 강의와 책으로 태국어를 공부하시는 모든 학습자분들께 감사한 마음을 전합니다.

여러분이 유창한 태국어를 구사하시는 그날까지 응원하겠습니다. 쑤-쑤-!(파이팅!)

권하연

목차

STEP1 기본 패턴

STEP2 필수 패턴

STEP3 핵심 패턴

이 책의 구성과 활용

① 기본 패턴 ▷ 필수 패턴 ▷ 핵심 패턴으로 이어지는 단계적 학습

100가지 패턴을 레벨 순으로 정리했습니다.
세 가지 스텝으로 구성되어, 단계별로 학습이 가능합니다.

② 내 실력 확인하GO!

본격적인 학습 전 자신의 실력을 확인해 볼 수 있습니다. 아는 문장이 어느 정도 되는지 확인해 보고, 모르는 문장은 체크한 후 반복해서 들어 보며 자신의 것으로 만들어 보세요.

③ 패턴이랑 친해지GO!

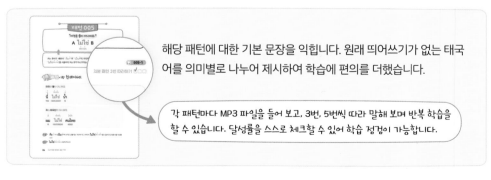

해당 패턴에 대한 기본 문장을 익힙니다. 원래 띄어쓰기가 없는 태국어를 의미별로 나누어 제시하여 학습에 편의를 더했습니다.

각 패턴마다 MP3 파일을 들어 보고, 3번, 5번씩 따라 말해 보며 반복 학습을 할 수 있습니다. 달성률을 스스로 체크할 수 있어 학습 점검이 가능합니다.

④ 다양하게 응용하GO!

활용도 높은 예문을 통해 말하기 연습을 하여 정확하고 자연스러운 태국어를 구사할 수 있습니다.

원어민이 직접 녹음한 속도별 음원을 제공합니다. 느린 속도로 발음을 익히고, 빠른 속도로 원어민 속도에 가깝게 연습할 수 있습니다.

⑤ 상황별로 말해 보GO!

앞에서 배운 패턴을 활용하여 다양한 상황에 맞게 적용해 보며, 각 패턴의 쓰임을 명확히 파악할 수 있습니다.

QR코드를 스캔하면 패턴 암기 영상으로 연결되어 학습한 패턴을 빠르고 간편하게 복습할 수 있습니다.

특별 무료 부록 구성!

① 속도별 원어민 음원

느린 속도로 정확히 학습하고, 빠른 속도로 원어민처럼 말해 보기!

② 패턴 암기 영상

언제 어디서든 편하게 듣고 보면서 연습하기! (본서 내 QR코드 스캔하기)

③ 쓰기 노트 PDF

태국어 문장 쓰기 연습과 태국어 문장을 한국어로 옮겨 보며 완벽히 내 것으로 만들기!

시원스쿨 태국어(thai.siwonschool.com) 홈페이지 접속 ▶ 학습지원센터 ▶ 공부자료실 ▶ 'GO! 독학 태국어 패턴 100' 검색 후 부록 PDF 및 음원 MP3 파일을 다운로드 받으실 수 있습니다.

학습 플랜

100일 학습 플랜

◦ 본인의 학습 스타일에 맞게 100일간의 학습 일정을 세워 보세요.

일차	학습 내용	목표일
1일	패턴 001 저는 가요.	월 / 일
2일	패턴 002 저는 가지 않아요.	/
3일	패턴 003 이것은 물이에요.	/
4일	패턴 004 저는 한국인이에요.	/
5일	패턴 005 이것은 물이 아니에요.	/
6일	패턴 006 친구는 책을 사요.	/
7일	패턴 007 친구는 책을 사지 않아요.	/
8일	패턴 008 그녀는 예뻐요.	/
9일	패턴 009 그녀는 예쁘지 않아요.	/
10일	패턴 010 음식이 비싼가요?	/
11일	패턴 011 그는 잘생겼나요?	/
12일	패턴 012 저는 집에 돌아왔어요.	/
13일	패턴 013 그는 수영을 하는 중이에요.	/
14일	패턴 014 저는 일을 할 거예요.	/
15일	패턴 015 그는 막 일어나려고 해요.	/
16일	패턴 016 아빠는 아직 음식을 주문하지 않으셨어요.	/

일차	학습 내용	목표일
17일	패턴 017 친구는 키가 조금 작아요.	/
18일	패턴 018 저는 아주 배가 고파요.	/
19일	패턴 019 똠얌꿍은 팟타이보다 맛있어요.	/
20일	패턴 020 당신은 세상에서 가장 귀여워요.	/
21일	패턴 021 고양이가 너무 귀여워요.	/
22일	패턴 022 시험은 그다지 쉽지 않아요.	/
23일	패턴 023 저는 부산에 간 적 있어요.	/
24일	패턴 024 저는 유럽에 가 본 적 없어요.	/
25일	패턴 025 오랜만이에요.	/
26일	패턴 026 저는 한국에 있어요.	/
27일	패턴 027 학생은 교실에 있어요.	/
28일	패턴 028 이 근처에 식당이 있어요.	/
29일	패턴 029 당신은 어디에서 왔어요?	/
30일	패턴 030 방콕에서 후아힌까지 멀지 않아요.	/
31일	패턴 031 그는 차를 살 수 있어요.	/

50일 학습 플랜

○ 본인의 학습 스타일에 맞게 50일간의 학습 일정을 세워 보세요.

일차	1일	2일	3일	4일	5일
학습 내용	패턴 001-003	패턴 004-005	패턴 006-008	패턴 009-011	복습 001-011 패턴
목표일	월 / 일	/	/	/	/

일차	6일	7일	8일	9일	10일
학습 내용	패턴 012-014	패턴 015-016	패턴 017-019	패턴 020-022	복습 012-022 패턴
목표일	/	/	/	/	/

일차	11일	12일	13일	14일	15일
학습 내용	패턴 023-024	패턴 025	패턴 026-028	패턴 029-030	복습 023-030 패턴
목표일	/	/	/	/	/

일차	16일	17일	18일	19일	20일
학습 내용	패턴 031-033	패턴 034-036	패턴 037-038	패턴 039-041	복습 031-041 패턴
목표일	/	/	/	/	/

일차	21일	22일	23일	24일	25일
학습 내용	패턴 043-043	패턴 044-046	패턴 047-049	패턴 050-052	복습 042-052 패턴
목표일	/	/	/	/	/

일차	26일	27일	28일	29일	30일
학습 내용	패턴 053-054	패턴 055-056	패턴 057-058	패턴 059-060	복습 053-060 패턴
목표일	/	/	/	/	/

일차	31일	32일	33일	34일	35일
학습 내용	패턴 061-062	패턴 063-065	패턴 066-067	패턴 068-069	복습 061-069 패턴
목표일	/	/	/	/	/

일차	36일	37일	38일	39일	40일
학습 내용	패턴 070-072	패턴 073-074	패턴 075-076	패턴 077-079	복습 070-079 패턴
목표일	/	/	/	/	/

일차	41일	42일	43일	44일	45일
학습 내용	패턴 080-082	패턴 083-085	패턴 086-088	패턴 089-090	복습 080-090 패턴
목표일	/	/	/	/	/

일차	46일	47일	48일	49일	50일
학습 내용	패턴 091-092	패턴 093-095	패턴 096-098	패턴 099-100	복습 091-100 패턴
목표일	/	/	/	/	/

Step1

기본 패턴

학습 포인트	Step1에서 태국어 문장의 성분과 기본적인 어순을 이해하여 실생활에서 가장 자주 쓰이는 기초 태국어를 구사할 수 있어요.
학습 순서	본책 속도별 MP3 음원 ▷ 패턴 암기 영상 ▷ 쓰기 노트 PDF

내 실력 확인하GO!

🎧 001-1

☑ 다음 제시된 문장 중 태국어로 얼마나 말할 수 있는지 체크해 보고,
모르는 표현은 주의 깊게 들어 보세요.

	말할 수 있다	말할 수 없다
① 저는 가요.	☐	☐
② 그는 그녀를 사랑해요.	☐	☐
③ 친구는 태국에 갔어요.	☐	☐
④ 태국은 한국보다 더워요.	☐	☐
⑤ 여행을 간 지 오래되었어요.	☐	☐
⑥ 당신은 어디에서 왔어요?	☐	☐
⑦ 저는 운전할 줄 알아요.	☐	☐
⑧ 그는 누구예요?	☐	☐
⑨ 왜 태국어를 공부하나요?	☐	☐
⑩ 집까지 걸어가는 데 얼마나 걸리나요?	☐	☐

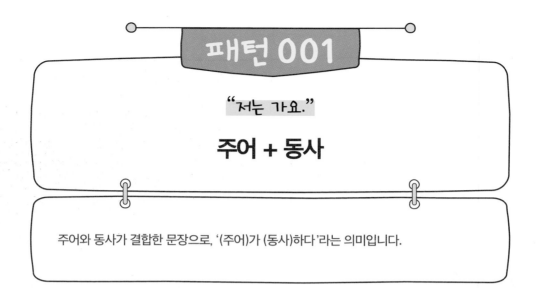

패턴 001

"저는 가요."

주어 + 동사

주어와 동사가 결합한 문장으로, '(주어)가 (동사)하다'라는 의미입니다.

 **패턴**이랑 **친해지GO!**

🎧 001-2

기본 패턴 3번 따라하기 ☑☐☐

저는 가요.

폼   빠이

ผม ไป

저   가다

저는 쉬어요.

디찬   팍퍼-ㄴ

ดิฉัน พักผ่อน

저   쉬다

Tip 남성을 지칭하는 1인칭 대명사로는 '**ผม** 폼'이 두루 쓰입니다. 단, 여성을 지칭하는 1인칭 대명사는 다양한데, 정중하게 표현할 때는 '**ดิฉัน** 디찬'을 쓰고 친구나 아랫사람에게 친근하게 표현할 때는 '**ฉัน** 찬 나'를 주로 씁니다.

단어 **ผม** 폼 저(남성이 자신을 지칭할 때 두루 쓰는 말) | **ไป** 빠이 가다 | **ดิฉัน** 디찬 저(여성이 자신을 정중하게 지칭하는 말) | **พักผ่อน** 팍퍼-ㄴ 쉬다

16   GO! 독학 태국어 패턴 100

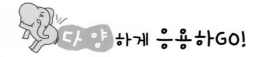

5번 따라하기 ☑☐☐☐☐

1

ˇ폼　　리-얀

ผม　เรียน
저　　　공부하다

➡ 저는 공부해요.

2

`ˇ디찬　　탐응아-ㄴ

ดิฉัน　ทำงาน
저　　　일하다

➡ 저는 일해요.

3

ˇ카오　　ˉ마

เขา　มา
그　　　오다

➡ 그는 와요.

4

ˉ트ㅓ-　　ˉ너-ㄴ

เธอ　นอน
그녀　　자다

➡ 그녀는 자요.

단어 **เรียน** 리-얀 공부하다 | **ทำงาน** 탐응아-ㄴ 일하다 | **เขา** 카오 그, 그녀(주로 3인칭 남성을 지칭하는 말) | **มา** 마 오다 | **เธอ** 트ㅓ- 그녀(3인칭 여성을 지칭하는 말) | **นอน** 너-ㄴ 자다

"저는 가지 않아요."

주어 + ไม่ + 동사

마이

부정사 'ไม่ 마이'는 '~하지 않다'라는 뜻으로, 동사 앞에 위치하여 '(주어)가 (동사)하지 않다'라는 의미를 나타냅니다.

 이랑 친해지GO!

🎧 002-1

기본 패턴 3번 따라하기 ☑️⬜⬜

저는 가지 않아요.

폼	마이	빠이
ผม	ไม่	ไป
저	~하지 않다	가다

저는 쉬지 않아요.

디찬	마이	팍퍼-ㄴ
ดิฉัน	ไม่	พักผ่อน
저	~하지 않다	쉬다

Tip 부정사 'ไม่ 마이'는 동사·형용사·부사의 앞에 위치합니다.

단어 ไม่ 마이 ~하지 않다

느리게 듣기 🎧 002-2　빠르게 듣기 🎧 002-3

5번 따라하기 ☑◻◻◻◻

1

ㆍ폼　ㆍ마이　ㅡ리-얀

ผม　ไม่　เรียน

저　~하지 않다　공부하다

➡ 저는 공부하지 않아요.

2

ㆍ디찬　ㆍ마이　ㅡ탐응아-ㄴ

ดิฉัน　ไม่　ทำงาน

저　~하지 않다　일하다

➡ 저는 일하지 않아요.

3

ㆍ카오　ㆍ마이　ㅡ마-

เขา　ไม่　มา

그　~하지 않다　오다

➡ 그는 오지 않아요.

4

ㅡ트ㅓ-　ㆍ마이　ㅡ너-ㄴ

เธอ　ไม่　นอน

그녀　~하지 않다　자다

➡ 그녀는 자지 않아요.

STEP1 기본 패턴　**19**

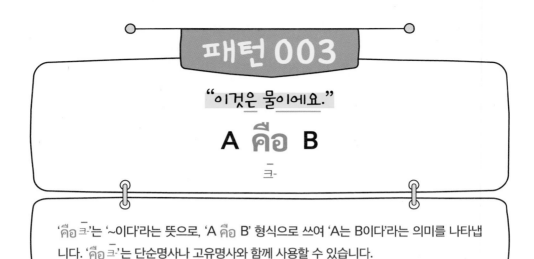

패턴 003

"이것은 물이에요."

A คือ B
크-

'คือ 크-'는 '~이다'라는 뜻으로, 'A คือ B' 형식으로 쓰여 'A는 B이다'라는 의미를 나타냅니다. 'คือ 크-'는 단순명사나 고유명사와 함께 사용할 수 있습니다.

🎧 003-1

패턴이랑 친해지GO!

기본 패턴 3번 따라하기 ✓◯◯

이것은 **물**이에요.

นี่ คือ น้ำ
나- 크- 남
이것 ~이다 물

그것은 **커피**예요.

นั่น คือ กาแฟ
난 크- 까-풰(f)-
그것 ~이다 커피

> **Tip** 'คือ 크-'는 A와 B가 동급일 경우에 무언가를 '정의'할 때 쓰입니다.

> **단어** คือ 크- ~이다 | นี่ 나- 이것(지시대명사) | น้ำ 남 물 | นั่น 난 그것(지시대명사) | กาแฟ 까-풰(f)- 커피

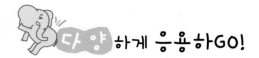

5번 따라하기 ☑☐☐☐☐

1

นี่ คือ หนังสือ
나-ˆ 크- 낭쓰-ˇˇ

이것 ~이다 책

➡ 이것은 책이에요.

2

นี่ คือ โต๊ะ
나-ˆ 크- 또ˊ

이것 ~이다 책상

➡ 이것은 책상이에요.

3

ที่นี่ คือ กรุงเทพฯ
티-니-ˆˆ 크- 끄룽테-ㅂˆ

이곳 ~이다 방콕

➡ 이곳은 방콕이에요.

4

นั่น คือ ส้ม
난-ˆ 크- 쏨ˆ

그것 ~이다 오렌지

➡ 그것은 오렌지예요.

단어 **หนังสือ** 낭쓰-ˇˇ 책 | **โต๊ะ** 또ˊ 책상 | **ที่นี่** 티-니-ˆˆ 이곳, 이쪽 | **กรุงเทพฯ** 끄룽테-ㅂˆ 방콕(태국의 수도) |
ส้ม 쏨ˆ 오렌지

"저는 한국인이에요."

A เป็น B
뺀

> 'เป็น뺀'은 '~이다'라는 뜻으로 'A เป็น B' 형식으로 쓰입니다. B가 A에 대한 특징이나 성질을 설명할 때 씁니다. 'เป็น뺀'은 일반명사와 함께 사용할 수 있습니다.

 이랑 친해지GO!

🎧 004-1

기본 패턴 3번 따라하기 ☑◻◻

저는 **한국인**이에요.

폼	뺀	콘 까올리-
ผม	**เป็น**	**คนเกาหลี**
저	~이다	한국인

저는 **직원**이에요.

디찬	뺀	파낙응아ㄴ
ดิฉัน	**เป็น**	**พนักงาน**
저	~이다	직원

Tip 'เป็น 뺀'은 일반적으로 '상황', '상태', '국적', '직업'의 의미를 나타내는 경우에 사용합니다.

단어 **เป็น** 뺀 ~이다 | **คน** 콘 사람, 명(사람을 셀 때 쓰는 유별사) | **เกาหลี** 까올리- 한국 | **พนักงาน** 파낙응아ㄴ 직원

★ 유별사란? '수량사'라고도 하며, 개, 권(책), 채(집), 벌(옷) 등의 물건을 셀 때 사용하는 단위입니다.

5번 따라하기 ☑☐☐☐☐

1

폼 · 쁜 · 콘 타이

ผม **เป็น** **คนไทย**

저 · ~이다 · 태국인

➡ 저는 태국인이에요.

2

디찬 · 쁜 · 낙리-안

ดิฉัน **เป็น** **นักเรียน**

저 · ~이다 · 학생

➡ 저는 학생이에요.

3

카오 · 쁜 · 콘 · 루-아이

เขา **เป็น** **คน** **รวย**

그 · ~이다 · 사람 · 부유하다

➡ 그는 부유한 사람이에요.

4

트ㅓ- · 쁜 · 콘 · 카얀

เธอ **เป็น** **คน** **ขยัน**

그녀 · ~이다 · 사람 · 부지런하다

➡ 그녀는 부지런한 사람이에요.

단어 **ไทย** 타이 태국 | **นักเรียน** 낙리-안 학생 | **รวย** 루-아이 부유하다 | **ขยัน** 카얀 부지런하다

패턴 005

"이것은 물이 아니에요."

A ไม่ใช่ B

마이 차이

'A는 B이다' 패턴의 'คือ 크-'와 'เป็น 뺀'의 자리에 '~이(가) 아니다'라는 뜻의 부정사 'ไม่ใช่ 마이 차이'를 사용하여 'A는 B가 아니다'라는 의미를 나타냅니다.

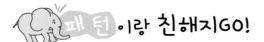

이랑 친해지GO!

005-1

기본 패턴 3번 따라하기 ☑☐☐

이것은 **물**이 아니에요.

나-	마이 차이	남
นี่	**ไม่ใช่**	**น้ำ**
이것	~이(가) 아니다	물

저는 **태국인**이 아니에요.

폼	마이 차이	콘 타이
ผม	**ไม่ใช่**	**คนไทย**
저	~이(가) 아니다	태국인

Tip 'คือ 크-'와 'เป็น 뺀'이 쓰이는 상황과는 무관하게 그 위치에 'ไม่ใช่ 마이 차이'를 사용하여 (대)명사를 부정합니다.

단어 ไม่ใช่ 마이 차이 ~이(가) 아니다

1

```
  ^                 ^   ^           ˇ  ˇ
  나-              마이 차이        낭쓰-
นี่            ไม่ใช่          หนังสือ
이것          ~이(가) 아니다        책
```

→ 이것은 **책**이 아니에요.

2

```
  ^               ^   ^           ^
  난              마이 차이         쏨
นั่น           ไม่ใช่          ส้ม
그것          ~이(가) 아니다       오렌지
```

→ 그것은 **오렌지**가 아니에요.

3

```
  ^                ^   ^          ´   -
  카오             마이 차이        낙리-얀
เขา           ไม่ใช่          นักเรียน
그             ~이(가) 아니다        학생
```

→ 그는 **학생**이 아니에요.

4

```
  -                ^   ^         -        ` ˇ
  터ㅓ-           마이 차이        콘       카얀
เธอ           ไม่ใช่         คน       ขยัน
그녀          ~이(가) 아니다      사람     부지런하다
```

→ 그녀는 **부지런한 사람**이 아니에요.

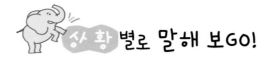
상황별로 말해 보GO!

▷ 패턴 001-003에서 배운 표현을 활용해 대답해 보세요.

한국 음식 먹으러 갈래요?
ไป กิน อาหารเกาหลี ไหม
빠이　낀　　아-하-ㄴ 까올리-　　마이

저는 갈래요.
ดิฉัน ไป
디찬　빠이

저는 안 갈래요.
ผม ไม่ ไป
폼　마이　빠이

저는 쉴래요.
ดิฉัน พักผ่อน
디찬　팍퍼-ㄴ

단어 ▶ **อาหาร** 아-하-ㄴ 음식 | **อาหารเกาหลี** 아-하-ㄴ 까올리- 한국 음식 | **กิน** 낀 먹다

▷ 패턴 004-005에서 배운 표현을 활용해 대답해 보세요.

🎧 005-5

당신은 한국인이에요?

คุณ เป็น คนเกาหลี ไหม
쿤 ˇ 뻰 ‾ ‾ ‾ 콘 까올리- 마이

저는 한국인이에요.

ผม เป็น คนเกาหลี
폼 ˇ 뻰 ‾ ‾ ‾ 콘 까올리-

저는 한국인이 아니에요.

ดิฉัน ไม่ใช่ คนเกาหลี
‾ ˇ 디찬 ^ ^ 마이 차이 ‾ ‾ ‾ 콘 까올리-

저는 태국인이에요.

ผม เป็น คนไทย
폼 ˇ 뻰 ‾ ‾ 콘 타이

단어 **คุณ** ‾ 쿤 당신, ~씨(존칭)

패턴 006

"친구는 책을 사요."

주어 + 동사 + 목적어

태국어는 한국어의 기본 어순과는 다르게 동사 뒤에 목적어가 놓여서 '(주어)가 (목적어)를 (동사)하다'라는 의미를 나타냅니다.

 이랑 친해지GO!

🎧 006-1

기본 패턴 3번 따라하기 ☑☐☐

친구는 책을 사요.

^프-안	´쓰-	˅˅낭쓰-
เพื่อน	**ซื้อ**	**หนังสือ**
친구	사다	책

저는 똠얌꿍을 좋아해요.

˅폼	^처-ㅂ	^-^똠얌꿍
ผม	**ชอบ**	**ต้มยำกุ้ง**
저	좋아하다	똠얌꿍

단어 **เพื่อน** ^프-안 친구 | **ซื้อ** ´쓰- 사다 | **ชอบ** ^처-ㅂ 좋아하다, 관심이 있다 | **ต้มยำกุ้ง** ^-^똠얌꿍 똠얌꿍(새우와 각종 향신료를 넣고 끓인 태국의 대표 음식)

5번 따라하기 ☑◯◯◯◯

1

폼　　레-ㄴ　　풋(f)버-ㄴ

ผม　เล่น　ฟุตบอล

저　(운동을) 하다　축구

➡ 저는 축구를 해요.

2

디찬　　낀　　카우

ดิฉัน　กิน　ข้าว

저　먹다　밥

➡ 저는 밥을 먹어요.

3

카오　　리-얀　　파-싸- 타이

เขา　เรียน　ภาษาไทย

그　공부하다　태국어

➡ 그는 태국어를 공부해요.

4

카오　　락　　트ㅓ-

เขา　รัก　เธอ

그　사랑하다　그녀

➡ 그는 그녀를 사랑해요.

단어 **เล่น** 레-ㄴ 하다, 놀다 | **ฟุตบอล** 풋(f)버-ㄴ 축구 | **ข้าว** 카우 밥 | **ภาษา** 파-싸- 말, 언어 | **ภาษาไทย**
파-싸- 타이 태국어 | **รัก** 락 사랑하다

패턴 007

"친구는 책을 사지 않아요."

주어 + ไม่ + 동사 + 목적어
마이

'주어 + 동사 + 목적어' 문장의 부정형은 동사 앞에 'ไม่마이'를 써서 나타내며, '(주어)가 (목적어)를 (동사)하지 않다'라는 의미입니다.

 이랑 친해지GO!

🎧 007-1

기본 패턴 3번 따라하기 ☑☐☐

친구는 책을 사지 않아요.

프-안	마이	쓰-	낭쓰-
เพื่อน	ไม่	ซื้อ	หนังสือ
친구	~하지 않다	사다	책

저는 똠얌꿍을 좋아하지 않아요.

폼	마이	처-ㅂ	똠얌꿍
ผม	ไม่	ชอบ	ต้มยำกุ้ง
저	~하지 않다	좋아하다	똠얌꿍

 하게 응용하GO!

5번 따라하기 ☑ ⬜⬜⬜⬜

1

폼　　마이　　레ↆ-ㄴ　　풋(f)버-ㄴ

ผม　ไม่　เล่น　ฟุตบอล

저　~하지 않다　(운동을)　축구
　　　　　　　하다

➡ 저는 축구를 하지 않아요.

2

디찬　마이　낀　카우

ดิฉัน　ไม่　กิน　ข้าว

저　~하지 않다　먹다　밥

➡ 저는 밥을 먹지 않아요.

3

카오　마이　리-얀　파-싸- 타이

เขา　ไม่　เรียน　ภาษาไทย

그　~하지 않다　공부하다　태국어

➡ 그는 태국어를 공부하지 않아요.

4

카오　마이　락　트ㅓ-

เขา　ไม่　รัก　เธอ

그　~하지 않다　사랑하다　그녀

➡ 그는 그녀를 사랑하지 않아요.

패턴 008

"그녀는 예뻐요."

주어 + 형용사

'주어 + 형용사' 문장은 '(주어)는 (형용사)하다'라는 의미로, 형용사가 주어의 성질이나 상태를 설명할 때 씁니다.

그녀는 예뻐요.

터-   쑤-아이

เธอ   สวย

그녀   예쁘다

음식이 비싸요.

아-하ㄴ   패-ㅇ

อาหาร   แพง

음식   비싸다

 단어   **สวย** 쑤-아이 예쁘다 | **แพง** 패-ㅇ 비싸다

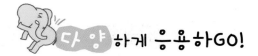

5번 따라하기 ☑☐☐☐☐

1

폼　쑤-ㅇ
ผม　สูง
저　(키가) 크다

➡ 저는 (키가) 커요.

2

디찬　퍼-ㅁ
ดิฉัน　ผอม
저　날씬하다

➡ 저는 날씬해요.

3

카오　짜이디-
เขา　ใจดี
그　친절하다

➡ 그는 친절해요.

4

프-안　루-아이
เพื่อน　รวย
친구　부유하다

➡ 친구는 부유해요.

단어 **สูง** 쑤-ㅇ (키가) 크다, 높다 | **ผอม** 퍼-ㅁ 날씬하다, 마르다 | **ใจดี** 짜이디- 친절하다, 착하다

"그녀는 예쁘지 않아요."

주어 + ไม่ + 형용사
마^이

'주어 + 형용사' 문장의 부정형은 형용사 앞에 'ไม่마^이'를 써서 나타내며, '(주어)가 (형용사)하지 않다'라는 의미입니다.

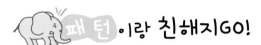

🎧 009-1

기본 패턴 3번 따라하기 ☑☐☐

그녀는 예쁘지 않아요.

트ㅓ-	마^이	쑤-아이ˇ
เธอ	**ไม่**	**สวย**
그녀	~하지 않다	예쁘다

음식이 비싸지 않아요.

아-하ˇ-ㄴ	마^이	패-ㅇ
อาหาร	**ไม่**	**แพง**
음식	~하지 않다	비싸다

5번 따라하기 ☑□□□□

1

ˇ폼   ^마이   ˇ쑤-ㅇ

ผม ไม่ สูง

저 ~하지 않다 (키가) 크다

➡ 저는 (키가) 크지 않아요.

2

`ˇ디찬   ^마이   ˇ퍼-ㅁ

ดิฉัน ไม่ ผอม

저 ~하지 않다 날씬하다

➡ 저는 날씬하지 않아요.

3

ˇ카오   ^마이   ‐‐짜이디-

เขา ไม่ ใจดี

그 ~하지 않다 친절하다

➡ 그는 친절하지 않아요.

4

^프-안   ^마이   루-아이

เพื่อน ไม่ รวย

친구 ~하지 않다 부유하다

➡ 친구는 부유하지 않아요.

패턴 010

"음식이 비싼가요?"

ไหม

마이˘

'~(인)가요?'라는 의미를 가진 의문사 'ไหม 마이˘'는 상대방의 의사를 알 수 없을 때 이를 알아내기 위해 쓰여, 상대방의 대답을 기대하는 회화문에 자주 등장합니다. 현재 또는 미래의문문을 만들 때 쓰이며, 부정문이나 과거 문장에는 사용할 수 없습니다.

🎧 010-1

기본 패턴 3번 따라하기 ☑◻◻

음식이 비싼가요?

아하ㄴ	패-ㅇ	마이˘
อาหาร	**แพง**	**ไหม**
음식	비싸다	~(인)가요?

당신은 태국인인가요?

쿤	뻰	콘 타이	마이˘
คุณ	**เป็น**	**คนไทย**	**ไหม**
당신	~이다	태국인	~(인)가요?

Tip 'ไหม 마이˘'는 동사·형용사·부사의 부정을 나타내는 'ไม่ 마이^'와 발음은 같지만 성조가 다르므로 유의해서 발음해야 합니다.

단어 ไหม 마이˘ ~(인)가요?

1

– ^ ˇ
낀 카우 마이

กิน   ข้าว   ไหม

먹다 밥 ~(인)가요?

➡ 밥을 먹었나요?

2

ˋ– ˋ ˇ
싸바-이 디- 마이

สบาย   ดี   ไหม

평안하다 좋다 ~(인)가요?

➡ 잘 지내시나요?

3

– ^ ˋ– ˇ
쿤 처-ㅂ 팟타이 마이

คุณ   ชอบ   ผัดไทย   ไหม

당신 좋아하다 팟타이 ~(인)가요?

➡ 당신은 팟타이를 좋아하나요?

4

ˇ – –ˋ–ˋ ˇ
카오 빠이 탐응아-ㄴ 마이

เขา   ไป   ทำงาน   ไหม

그 가다 일하다 ~(인)가요?

➡ 그는 일하러 가나요?

단어 **สบาย** 싸바-이 평안하다, 편안하다 | **ดี** 디-좋다 | **ผัดไทย** 팟타이 팟타이(태국의 볶음 쌀국수)

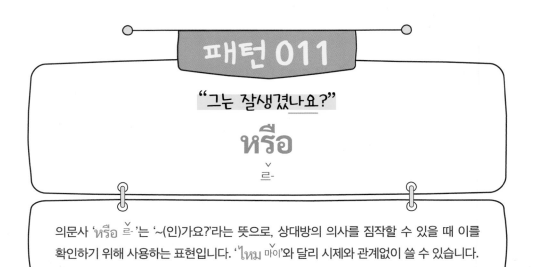

패턴 011

"그는 잘생겼나요?"

หรือ
르-

의문사 'หรือ 르-'는 '~(인)가요?'라는 뜻으로, 상대방의 의사를 짐작할 수 있을 때 이를 확인하기 위해 사용하는 표현입니다. 'ไหม 마이'와 달리 시제와 관계없이 쓸 수 있습니다.

패턴 이랑 친해지GO!

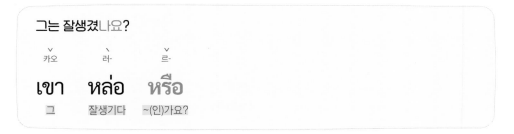

그는 잘생겼나요?

카오	라-	르-
เขา	หล่อ	หรือ
그	잘생기다	~(인)가요?

당신은 핑크색을 좋아하나요?

쿤	처-ㅂ	씨-촘푸-	르-
คุณ	ชอบ	สีชมพู	หรือ
당신	좋아하다	핑크색	~(인)가요?

Tip 'หรือ 르-'는 상대방의 행위·동작·의사 등을 짐작할 수 있을 때 이를 확인하기 위해 사용하는 의문조사입니다.

단어 หรือ 르- ~(인)가요? | หล่อ 라- 잘생기다 | สีชมพู 씨-촘푸- 핑크색

1

나- | 크- | 차-키-야우 | 르-
นี่ | คือ | ชาเขียว | หรือ
이것 | ~이다 | 녹차 | ~(인)가요?

➡ 이것은 녹차인가요?

2

쿤- | 마이 | 리-얀 | 르-
คุณ | ไม่ | เรียน | หรือ
당신 | ~하지 않다 | 공부하다 | ~(인)가요?

➡ 당신은 공부하지 않나요?

3

트-- | 마이 차이 | 다-라- | 르-
เธอ | ไม่ใช่ | ดารา | หรือ
그녀 | ~이(가) 아니다 | 연예인 | ~(인)가요?

➡ 그녀는 연예인이 아닌가요?

4

카오 | 뻰 | 파낙응아-ㄴ | 티-니- | 르-
เขา | เป็น | พนักงาน | ที่นี่ | หรือ
그 | ~이다 | 직원 | 이곳 | ~(인)가요?

➡ 그는 이곳의 직원인가요?

단어 ▸ **ชา** 차- 차(음료) | **ชาเขียว** 차-키-야우 녹차 | **ดารา** 다-라- 연예인

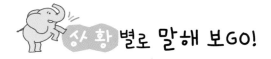

상황별로 말해 보GO!

▷ 패턴 006-007에서 배운 표현을 활용해 대답해 보세요.

당신은 책을 사나요?
คุณ ซื้อ หนังสือ ไหม
쿤　쓰-　낭쓰-　마이

저는 책을 사요.
ดิฉัน ซื้อ หนังสือ
디찬　쓰-　낭쓰-

저는 책을 사지 않아요.
ผม ไม่ ซื้อ หนังสือ
폼　마이　쓰-　낭쓰-

저는 책을 좋아하지 않아요.
ดิฉัน ไม่ ชอบ หนังสือ
디찬　마이　처-ㅂ　낭쓰-

패턴 006-011에서 배운 내용을
암기 영상을 통해 복습해 보세요!

▷ 패턴 008-011에서 배운 표현을 활용해 대답해 보세요. 🎧 011-5

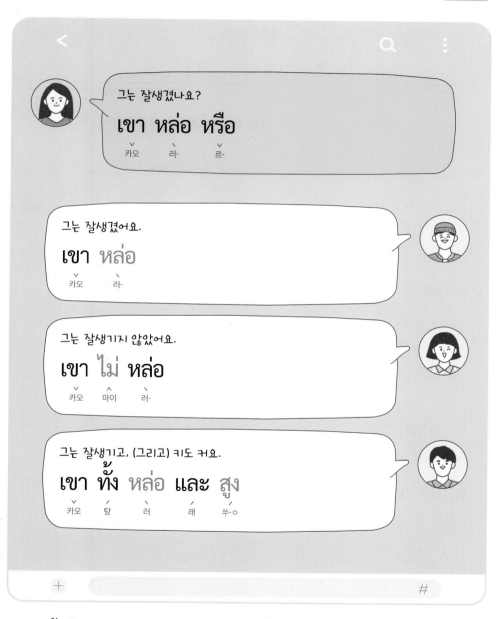

그는 잘생겼나요?

เขา หล่อ หรือ
카오　러-　르-

그는 잘생겼어요.

เขา หล่อ
카오　러-

그는 잘생기지 않았어요.

เขา ไม่ หล่อ
카오　마이　러-

그는 잘생기고, (그리고) 키도 커요.

เขา ทั้ง หล่อ และ สูง
카오　탕　러　래　쑤-ㅇ

 ทั้ง 탕 ~하고 ~하기도 하다, 모두 | และ 래 그리고, ~와(과)

"저는 집에 돌아왔어요."

แล้ว

래-우

' ~했다'라는 의미의 과거시제로, 동사, 형용사 또는 목적어 뒤에 위치하여 완료를 나타냅니다.

 패턴이랑 친해지GO!

🎧 012-1

기본 패턴 3번 따라하기 ☑◻◻

저는 집에 돌아왔어요.

ˇ폼	ˋ끌랍	^바-ㄴ	´래-우
ผม	**กลับ**	**บ้าน**	**แล้ว**
저	돌아오다(가다)	집	~했다

저는 숙제를 했어요.

ˋˇ디찬	─탐	─까-ㄴ^바-ㄴ	´래-우
ดิฉัน	**ทำ**	**การบ้าน**	**แล้ว**
저	~하다	숙제	~했다

Tip 'แล้ว ´래-우'가 접속사로 쓰이는 경우에는 '~하고 나서'라는 의미를 나타냅니다.

단어 **แล้ว** ´래-우 ~했다 | **กลับ** ˋ끌랍 돌아오다(가다) | **บ้าน** ^바-ㄴ 집 | **ทำ** ─탐 ~하다, 만들다 | **การบ้าน** ─까-ㄴ^바-ㄴ 숙제

1

폼   때-ㅇ응아-ㄴ   래-우

ผม   แต่งงาน   แล้ว

저   결혼하다   ~했다

➡ 저는 결혼했어요.

2

디찬   탐응아-ㄴ   쎗   래-우

ดิฉัน   ทำงาน   เสร็จ   แล้ว

저   일하다   끝내다   ~했다

➡ 저는 일을 끝냈어요.

3

프-안   빠이   쁘라테-ㅅ 타이   래-우

เพื่อน   ไป   ประเทศไทย   แล้ว

친구   가다   태국   ~했다

➡ 친구는 태국에 갔어요.

4

쿤매-   마-   쁘라테-ㅅ 까올리-   래-우

คุณแม่   มา   ประเทศเกาหลี   แล้ว

어머니   오다   한국   ~했다

➡ 어머니는 한국에 오셨어요.

Tip   부모님을 편하게 부를 때는 높임 표현인 '**คุณ** 쿤' 없이 '**พ่อ** 퍼- 아빠' 혹은 '**แม่** 매- 엄마'라고 호칭합니다.

단어   **แต่งงาน** 때-ㅇ응아-ㄴ 결혼하다 | **เสร็จ** 쎗 끝내다 | **ประเทศ** 쁘라테-ㅅ 국가, 나라 | **ประเทศไทย**
쁘라테-ㅅ 타이 태국 | **คุณแม่** 쿤매- 어머니 | **ประเทศเกาหลี** 쁘라테-ㅅ 까올리- 한국

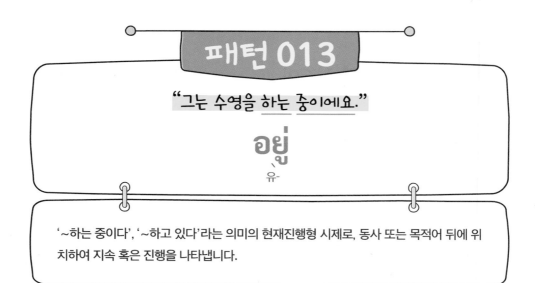

"그는 수영을 하는 중이에요."

อยู่
유-

'~하는 중이다', '~하고 있다'라는 의미의 현재진행형 시제로, 동사 또는 목적어 뒤에 위치하여 지속 혹은 진행을 나타냅니다.

패턴이랑 친해지GO!

🎧 013-1

기본 패턴 3번 따라하기 ☑☐☐

그는 수영을 하는 중이에요.

카오	와^-이남^	유-
เขา	**ว่ายน้ำ**	**อยู่**
그	수영하다	~하는 중이다

그녀는 노래를 부르는 중이에요.

터-	라-ㅇ	플레-ㅇ	유-
เธอ	**ร้อง**	**เพลง**	**อยู่**
그녀	부르다	노래	~하는 중이다

Tip 현재진행형 시제 '**อยู่** 유-'는 '뚱뚱해지는 중이다', '예뻐지는 중이다'처럼 형용사와는 사용할 수 없습니다.

단어 **อยู่** 유- ~하는 중이다 | **ว่ายน้ำ** 와-이남 수영하다 | **ร้อง** 라-ㅇ (노래를) 부르다, 외치다 | **เพลง** 플레-ㅇ 노래

5번 따라하기 ☑◻◻◻◻

1

폼̆ 탐응아-ㄴ 유-̀
ผม ทำงาน อยู่
저 일하다 ~하는 중이다

➜ 저는 일하는 중이에요.

2

디찬̀̆ 아-ㄴ̀ 낭쓰-̆̆ 유-̀
ดิฉัน อ่าน หนังสือ อยู่
저 읽다 책 ~하는 중이다

➜ 저는 책을 읽는 중이에요.

3

쿤매-̄^ 탐아-하-ㄴ̆̄ 유-̀
คุณแม่ ทำอาหาร อยู่
어머니 요리하다 ~하는 중이다

➜ 어머니는 요리하시는 중이에요.

4

쿤퍼-̄^ 낀̄ 카우^ 유-̀
คุณพ่อ กิน ข้าว อยู่
아버지 먹다 밥 ~하는 중이다

➜ 아버지는 식사하시는 중이에요.

단어 ▶ **อ่าน** 아-ㄴ̀ 읽다 | **ทำอาหาร** 탐아-하-ㄴ̆̄ 요리하다 | **คุณพ่อ** 쿤퍼-̄^ 아버지

"저는 일을 할 거예요."

จะ
`ˋ`
짜

'~할 것이다'라는 의미의 미래시제로, 동사 앞에 위치하여 '예측', '예정', '의지'를 나타냅니다.

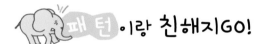

패턴이랑 친해지GO!

🎧 014-1

기본 패턴 3번 따라하기 ☑☐☐

저는 일을 할 거예요.

`ˇ` 폼	`ˋ` 짜	‾ 탐응아-ㄴ
ผม	**จะ**	**ทำงาน**
저	~할 것이다	일하다

저는 학교에 갈 거예요.

`ˋˇ` 디찬	`ˋ` 짜	‾ 빠이	‾ ‾ ‾ 로-ㅇ리-안
ดิฉัน	**จะ**	**ไป**	**โรงเรียน**
저	~할 것이다	가다	학교

> **Tip** 미래시제 문장을 부정문으로 만들 때는 'จะ 짜 + ไม่ 마이 + 동사' 순으로 나열하여 '~하지 않을 것이다'라는 의미를 나타냅니다.

> **단어** จะ 짜 ~할 것이다 | โรงเรียน 로-ㅇ리-안 학교

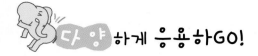

1

폼 · 짜 ` 두- ⌐ 티-위- ⌐
ผม   จะ   ดู   ทีวี
저   ~할 것이다   보다   TV

➡ 저는 TV를 볼 거예요.

2

디찬 `` 짜 ` 쓰- ´ 카놈 ⌄⌄
ดิฉัน   จะ   ซื้อ   ขนม
저   ~할 것이다   사다   간식

➡ 저는 간식을 살 거예요.

3

폼 ⌄ 짜 ` 낀 ⁻ 팟타이 ⌐⌐
ผม   จะ   กิน   ผัดไทย
저   ~할 것이다   먹다   팟타이

➡ 저는 팟타이를 먹을 거예요.

4

디찬 `` 짜 ` 리-얀 ⁻ 파-싸- 까올리- ⁻⌄⁻⌄
ดิฉัน   จะ   เรียน   ภาษาเกาหลี
저   ~할 것이다   공부하다   한국어

➡ 저는 한국어를 공부할 거예요.

단어 **ดู** 두- 보다 | **ทีวี** 티-위- TV, 텔레비전 | **ขนม** 카놈⌄⌄ 간식 | **ภาษาเกาหลี** 파-싸- 까올리-⁻⌄⁻⌄ 한국어

패턴 015

"그는 막 일어나려고 해요."

กำลังจะ

깜랑짜

'막 ~하려고 하다', '막 ~하려던 참이다'라는 의미의 미래시제로, 동사 앞에 위치하여 '가까운 미래의 의지'를 나타냅니다.

🎧 **015-1**

기본 패턴 3번 따라하기 ☑☐☐

그는 막 일어나려고 해요.

카오	깜랑짜	뜨-ㄴ
เขา	**กำลังจะ**	**ตื่น**
그	막 ~하려고 하다	일어나다

그녀는 막 운동하려고 해요.

트ㅓ-	깜랑짜	어-ㄱ깜랑까이
เธอ	**กำลังจะ**	**ออกกำลังกาย**
그녀	막 ~하려고 하다	운동하다

Tip 'กำลังจะ 깜랑짜'는 가까운 미래를 나타내는 미래시제이지만, 'กำลัง 깜랑 + 동사', 'กำลัง 깜랑 + 동사 + อยู่ 유-' 순으로 사용할 경우 현재시제를 나타냅니다.

단어 กำลังจะ 깜랑짜 막 ~하려고 하다 | ตื่น 뜨-ㄴ (취기·마취·잠에서) 깨다, 일어나다 | ออกกำลังกาย 어-ㄱ깜랑까이 운동하다

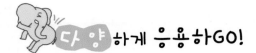
1

폼   깜랑짜   뻰왓

ผม   กำลังจะ   เป็นหวัด

저   막 ~하려고 하다   감기에 걸리다

➡ 저는 감기에 걸리려고 해요.

2

라오   깜랑짜   어-ㄱ빠이

เรา   กำลังจะ   ออกไป

우리   막 ~하려고 하다   나가다

➡ 우리는 막 나가려던 참이에요.

3

카오   깜랑짜   폽   프-안

เขา   กำลังจะ   พบ   เพื่อน

그   막 ~하려고 하다   만나다   친구

➡ 그는 막 친구를 만나려던 참이에요.

4

트ㅓ-   깜랑짜   쏭   에-ㄱ까싸-ㄴ

เธอ   กำลังจะ   ส่ง   เอกสาร

그녀   막 ~하려고 하다   보내다   서류

➡ 그녀는 막 서류를 보내려고 해요.

단어   **เป็นหวัด** 뻰왓 감기에 걸리다 | **เรา** 라오 우리 | **ออกไป** 어-ㄱ빠이 나가다 | **พบ** 폽 만나다 | **ส่ง** 쏭 보내다 | **เอกสาร** 에-ㄱ까싸-ㄴ 서류

패턴 016

"아빠는 아직 음식을 주문하지 않으셨어요."

ยังไม่

– ^
양 마이

'아직 ~하지 않았다'라는 의미로, 동사 앞에 위치하여 아직 완료되지 않은 상태를 나타냅니다.

 패턴이랑 친해지GO!

🎧 016-1

기본 패턴 3번 따라하기 ☑☐☐

아빠는 아직 음식을 주문하지 않으셨어요.

^퍼-	– ^양 마이	ˋ쌍	ˇ아-하-ㄴ
พ่อ	**ยังไม่**	**สั่ง**	**อาหาร**
아빠	아직 ~하지 않다	주문하다	음식

엄마는 아직 커피를 마시지 않으셨어요.

^매-	– ^양 마이	ˋ드-ㅁ	까-풰(f)-
แม่	**ยังไม่**	**ดื่ม**	**กาแฟ**
엄마	아직 ~하지 않다	마시다	커피

단어 **ยังไม่** 양 마이 아직 ~하지 않다 | **สั่ง** 쌍 주문하다, 명령하다 | **ดื่ม** 드-ㅁ 마시다

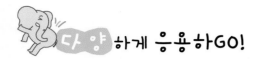

다양하게 응용하GO!

느리게 듣기 016-2 | 빠르게 듣기 016-3

5번 따라하기 ☑☐☐☐☐

1 ผม ยังไม่ เข้าใจ

폼 / 양 마이 / 카오짜이

저 / 아직 ~하지 않다 / 이해하다

➡ 저는 아직 이해되지 않았어요.

2 ดิฉัน ยังไม่ คิด

디찬 / 양 마이 / 킷

저 / 아직 ~하지 않다 / 생각하다

➡ 저는 아직 생각하지 않았어요.

3 เขา ยังไม่ มา

카오 / 양 마이 / 마-

그 / 아직 ~하지 않다 / 오다

➡ 그는 아직 오지 않았어요.

4 คุณ ยังไม่ ทอน เงิน

쿤 / 양 마이 / 터-ㄴ / 응으ㅓ-ㄴ

당신 / 아직 ~하지 않다 / 거슬러주다 / 돈

➡ 당신은 아직 돈을 거슬러주지 않았어요.

단어 เข้าใจ 카오짜이 이해하다 | คิด 킷 생각하다 | ทอน 터-ㄴ 거슬러주다 | เงิน 응으ㅓ-ㄴ 돈

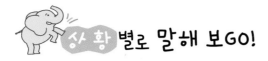

상황별로 말해 보GO!

▷ 패턴 012-014에서 배운 표현을 활용해 대답해 보세요.

당신은 숙제를 했나요?

คุณ ทำ การบ้าน ไหม
쿤　탐　　까ㄴ바ㄴ　　마이

저는 숙제를 했어요.

ดิฉัน ทำ การบ้าน แล้ว
디찬　탐　　까ㄴ바ㄴ　래-우

저는 숙제를 하는 중이에요.

ผม ทำ การบ้าน อยู่
폼　탐　　까ㄴ바ㄴ　유-

저는 숙제를 할 거예요.

ดิฉัน จะ ทำ การบ้าน
디찬　짜　탐　　까ㄴ바ㄴ

▷ 패턴 014-016에서 배운 표현을 활용해 대답해 보세요.

🎧 016-5

패턴 012-016에서 배운 내용을 암기 영상을 통해 복습해 보세요!

친구는 태국에 갔나요, 아직인가요?

เพื่อน ไป ประเทศไทย แล้วหรือยัง

프-안　빠이　　쁘라테-ㅅ 타이　　래-우 르-양

친구는 태국에 갈 거예요.

เพื่อน จะ ไป ประเทศไทย

프-안　짜　빠이　　쁘라테-ㅅ 타이

친구는 막 태국에 가려고 해요.

เพื่อน กำลังจะ ไป ประเทศไทย

프-안　깜랑짜　　빠이　　쁘라테-ㅅ 타이

친구는 아직 태국에 가지 않았어요.

เพื่อน ยังไม่ ไป ประเทศไทย

프-안　양 마이　빠이　　쁘라테-ㅅ 타이

 단어　**แล้วหรือยัง** 래-우 르-양 ~(했)나요, 아직인가요?

패턴 017

"친구는 키가 조금 작아요."

นิดหน่อย

닛너-이

'조금'이라는 의미의 정도부사로, 동사, 형용사 또는 목적어 뒤에 쓰여 적은 정도를 나타냅니다.

🎧 017-1

기본 패턴 3번 따라하기 ☑◻◻

친구는 키가 조금 작아요.

프-안	띠-야	닛너-이
เพื่อน	**เตี้ย**	**นิดหน่อย**
친구	(키가) 작다	조금

영어는 조금 어려워요.

파-싸- 앙끄릿	야-ㄱ	닛너-이
ภาษาอังกฤษ	**ยาก**	**นิดหน่อย**
영어	어렵다	조금

Tip ‘**นิดหน่อย** 닛너-이’ 외에 ‘조금’의 정도를 나타내는 정도부사로 ‘**เล็กน้อย** 렉너-이’를 쓰기도 합니다.

단어 **นิดหน่อย** 닛너-이 조금 | **เตี้ย** 띠-야 (키가) 작다 | **ภาษาอังกฤษ** 파-싸- 앙끄릿 영어 | **ยาก** 야-ㄱ 어렵다

1

폼   루-   닛너-이
ผม รู้ นิดหน่อย
저   알다   조금

➡ 저는 조금 알아요.

2

디찬   느-아이   닛너-이
ดิฉัน เหนื่อย นิดหน่อย
저   피곤하다   조금

➡ 저는 조금 피곤해요.

3

카오   융   닛너-이
เขา ยุ่ง นิดหน่อย
그   바쁘다   조금

➡ 그는 조금 바빠요.

4

쏨땀   펫   닛너-이
ส้มตำ เผ็ด นิดหน่อย
쏨땀   맵다   조금

➡ 쏨땀은 조금 매워요.

단어 | **รู้** 루- 알다 | **เหนื่อย** 느-아이 피곤하다 | **ยุ่ง** 융 바쁘다 | **ส้มตำ** 쏨땀 쏨땀(태국의 파파야 샐러드) | **เผ็ด** 펫 맵다

패턴 018

"저는 <u>아주</u> 배가 고파요."

มาก
마ᄀ

'아주', '정말', '많이'라는 의미의 정도부사로, 동사, 형용사 또는 목적어 뒤에 쓰여 보통의 정도를 넘어선 상태를 나타냅니다.

 패턴이랑 친해지GO!

🎧 018-1

기본 패턴 3번 따라하기 ☑☐☐

저는 아주 배가 고파요.

폼ˇ	히우ˇ	마ᄀ^
ผม	**หิว**	**มาก**
저	배고프다	아주

태국어는 정말 재미있어요.

파-싸-ˇ 타이	싸눅ˋˋ	마ᄀ^
ภาษาไทย	**สนุก**	**มาก**
태국어	재미있다	아주

Tip ▶ '아주', '정말', '많이'의 의미를 나타내는 '**มาก** 마ᄀ^'은 'ๆ'을 사용하여 두 번 반복하여 말하면 그 의미를 더욱 강조할 수 있습니다.

단어 ▶ **มาก** 마ᄀ^ 아주, 정말, 많이 | **หิว** 히우ˇ 배고프다 | **สนุก** 싸눅ˋˋ 재미있다

다양하게 응용하GO!

느리게 듣기 018-2 빠르게 듣기 018-3

5번 따라하기 ☑☐☐☐☐

1

롯 띳 마-ㄱ

รถ ติด มาก

차 달라붙다 아주

➡ 차가 아주 막혀요.

2

아-까-ㅅ 러-ㄴ 마-ㄱ

อากาศ ร้อน มาก

날씨 덥다 아주

➡ 날씨가 아주 더워요.

3

카-우팟 아러-이 마-ㄱ

ข้าวผัด อร่อย มาก

볶음밥 맛있다 아주

➡ 볶음밥은 정말 맛있어요.

4

로-ㅇ래-ㅁ 유- 끌라이 마-ㄱ

โรงแรม อยู่ ไกล มาก

호텔 (~에) 있다 멀다 아주

➡ 호텔은 아주 멀리 있어요.

단어 **รถ** 롯 차(교통수단) | **ติด** 띳 달라붙다 | **อากาศ** 아-까-ㅅ 날씨 | **ร้อน** 러-ㄴ 덥다 | **ข้าวผัด** 카-우팟 볶음밥 | **อร่อย** 아러-이 맛있다 | **โรงแรม** 로-ㅇ래-ㅁ 호텔 | **อยู่** 유- (~에) 있다 | **ไกล** 끌라이 멀다

패턴 019

"똠얌꿍은 팟타이보다 맛있어요."

A … มากกว่า B

마ᄀ꽈

'A는 B보다 ~하다'라는 의미로, 어떠한 대상을 비교할 때 사용하는 비교급 표현입니다. 주어는 A에, 비교 대상은 B에, 비교하는 내용은 'มากกว่า 마ᄀ꽈' 앞에 위치하여 나타냅니다.

 패턴이랑 친해지GO!

🎧 019-1

기본 패턴 3번 따라하기 ☑☐☐

똠얌꿍은 팟타이보다 맛있어요.

똠얌꿍	아러-이	마ᄀ꽈	팟타이
ต้มยำกุ้ง	อร่อย	มากกว่า	ผัดไทย
똠얌꿍	맛있다	~보다	팟타이

태국은 한국보다 더워요.

쁘라테-ㅅ 타이	러-ㄴ	마ᄀ꽈	쁘라테-ㅅ 까올리-
ประเทศไทย	ร้อน	มากกว่า	ประเทศเกาหลี
태국	덥다	~보다	한국

Tip 'กว่า 꽈' 뒤에 비교하는 대상이 나오지 않고 문장 마지막에 위치하여 'ดีกว่า 디-꽈'라고 쓰이는 경우에는 '~이(가) 더 낫다(좋다)'라는 의미를 나타냅니다.

단어 มากกว่า 마ᄀ꽈 ~보다(비교 표현)

58 GO! 독학 태국어 패턴 100

5번 따라하기 ☑◯◯◯◯

1

폼 | 쑤-ㅇ | 마-ㄱ꽈 | 프-안
ผม | สูง | มากกว่า | เพื่อน
저 | (키가) 크다 | ~보다 | 친구

➡ 저는 친구보다 키가 커요.

2

디찬 | 디-짜이 | 마-ㄱ꽈 | 쿤
ดิฉัน | ดีใจ | มากกว่า | คุณ
저 | 기쁘다 | ~보다 | 당신

➡ 저는 당신보다 기뻐요.

3

피- | 우-안 | 마-ㄱ꽈 | 너-ㅇ
พี่ | อ้วน | มากกว่า | น้อง
손위 형제자매 | 뚱뚱하다 | ~보다 | 동생

➡ 형(누나)은 동생보다 뚱뚱해요.

4

끄라빠오 | 패-ㅇ | 마-ㄱ꽈 | 러-ㅇ타오
กระเป๋า | แพง | มากกว่า | รองเท้า
가방 | 비싸다 | ~보다 | 신발

➡ 가방은 신발보다 비싸요.

단어 **ดีใจ** 디-짜이 기쁘다 | **พี่** 피- 손위 형제자매(형, 오빠, 누나, 언니) | **อ้วน** 우-안 뚱뚱하다 | **น้อง** 너-ㅇ 동생 |
กระเป๋า 끄라빠오 가방 | **รองเท้า** 러-ㅇ타오 신발

"당신은 세상에서 가장 귀여워요."

มากที่สุด
마ㄱ티-쏫

'가장', '제일'이라는 의미의 정도부사로, 동사, 형용사 또는 목적어 뒤에 위치하여 비교의 대상이 되는 것 중에 가장 큰 정도를 나타내는 최상급 표현입니다.

🎧 020-1

 패턴 이랑 친해지GO!

기본 패턴 3번 따라하기 ☑◯◯

당신은 세상에서 가장 귀여워요.

쿤	나^락	마ㄱ티-쏫	나이	로-ㄱ
คุณ	**น่ารัก**	**มากที่สุด**	**ใน**	**โลก**
당신	귀엽다	가장	~에(서)	세상

저는 태국어 공부하는 걸 가장 좋아해요.

폼	처-ㅂ	리-얀	파-싸- 타이	마ㄱ티-쏫
ผม	**ชอบ**	**เรียน**	**ภาษาไทย**	**มากที่สุด**
저	좋아하다	공부하다	태국어	가장

Tip 'มาก 마ㄱ'을 생략하고 'ที่สุด 티-쏫'만 써도 됩니다. 단, 'มากที่สุด 마ㄱ티-쏫'을 쓰면 의미를 더욱 강조할 수 있습니다.

단어 มากที่สุด 마ㄱ티-쏫 가장, 제일 | น่ารัก 나-락 귀엽다, 사랑스럽다 | ใน 나이 ~에(서), ~안에 | โลก 로-ㄱ 세상, 세계, 지구

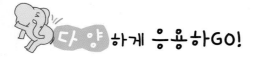

1

카오   찰라ㅅ   마̄-ㄱ티̂-쑷

เขา   ฉลาด   มากที่สุด

그   똑똑하다   가장

➡ 그는 가장 똑똑해요.

2

터̄-   미̂-츠-씨̂-양   마̄-ㄱ티̂-쑷

เธอ   มีชื่อเสียง   มากที่สุด

그녀   유명하다   가장

➡ 그녀는 가장 유명해요.

3

낭피̌-   타이   나̂-끌루̌-아   마̄-ㄱ티̂-쑷

หนังผี   ไทย   น่ากลัว   มากที่สุด

공포 영화   태국   무섭다   가장

➡ 태국 공포 영화가 가장 무서워요.

4

쏨차-이   뻰   프̂-안   싸닛   마̄-ㄱ티̂-쑷

สมชาย   เป็น   เพื่อน   สนิท   มากที่สุด

쏨차이   ~이다   친구   친하다   가장

➡ 쏨차이는 가장 친한 친구예요.

단어 **ฉลาด** 찰라ㅅ 똑똑하다, 총명하다 | **มีชื่อเสียง** 미̂-츠-씨̂-양 유명하다 | **หนัง** 낭 영화 | **ผี** 피̌- 귀신, 시체 |
น่ากลัว 나̂-끌루̌-아 무섭다 | **สนิท** 싸닛 친(밀)하다, 친근하다

패턴 021

"고양이가 너무 귀여워요."

เกินไป

끄ㅓ-ㄴ빠이

'너무', '지나치게'라는 의미의 정도부사로, 동사, 형용사 또는 목적어 뒤에 위치하여 과한 정도를 나타냅니다.

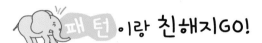이랑 친해지GO!

고양이가 너무 귀여워요.

매-우   나락   끄ㅓ-ㄴ빠이

แมว   **น่ารัก**   **เกินไป**

고양이   귀엽다   너무

강아지가 너무 뚱뚱해요.

마-   우-안   끄ㅓ-ㄴ빠이

หมา   **อ้วน**   **เกินไป**

강아지   뚱뚱하다   너무

> **Tip** '아주', '정말', '많이'의 정도를 나타내는 정도부사 '**มาก** 마-ㄱ' 보다 조금 더 많은 정도를 표현할 때, 정도부사 '**เกินไป** 끄ㅓ-ㄴ빠이'를 사용합니다.

> **단어** **เกินไป** 끄ㅓ-ㄴ빠이 너무, 지나치게 | **แมว** 매-우 고양이 | **หมา** 마- 개, 강아지

5번 따라하기 ☑☐☐☐☐

1

카오   킫   륵   끄ㅓ-ㄴ빠이
เขา คิด ลึก เกินไป
그   생각하다   깊게   너무

➡ 그는 너무 깊게 생각해요.

2

라-카   패-ㅇ   끄ㅓ-ㄴ빠이
ราคา แพง เกินไป
가격   비싸다   너무

➡ 가격이 너무 비싸요.

3

끌러-ㅇ   낙   끄ㅓ-ㄴ빠이
กล่อง หนัก เกินไป
상자   무겁다   너무

➡ 상자가 너무 무거워요.

4

웨-ㄹ라   싼   끄ㅓ-ㄴ빠이
เวลา สั้น เกินไป
시간   짧다   너무

➡ 시간이 너무 짧아요.

단어 **ลึก** 륵 깊게 | **ราคา** 라-카 가격 | **กล่อง** 끌러-ㅇ 상자 | **หนัก** 낙 무겁다 | **เวลา** 웨-ㄹ라 시간 | **สั้น** 싼 짧다

패턴 022

"시험은 그다지 쉽지 않아요."

ไม่ค่อย

마이 커-이

'그다지 ~하지 않다', '별로 ~하지 않다', '잘 ~하지 않다'라는 의미의 정도부사로, 동사 또는 형용사 앞에 위치하여 약한 정도의 부정을 나타냅니다.

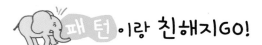이랑 친해지GO!

022-1

기본 패턴 3번 따라하기 ☑☐☐

시험은 그다지 쉽지 않아요.

써-ㅂ	마이 커-이	응아-이
สอบ	**ไม่ค่อย**	**ง่าย**
시험	그다지 ~않다	쉽다

직원은 그다지 친절하지 않아요.

파낙응아-ㄴ	마이 커-이	짜이디-
พนักงาน	**ไม่ค่อย**	**ใจดี**
직원	그다지 ~않다	친절하다

단어 **ไม่ค่อย** 마이 커-이 그다지 ~않다 | **สอบ** 써-ㅂ 시험 | **ง่าย** 응아-이 쉽다

다양하게 응용하GO!

느리게 듣기
🎧 022-2

빠르게 듣기
🎧 022-3

5번 따라하기 ✓⬜⬜⬜⬜

1

폼
ผม
저

마이 커-이
ไม่ค่อย
그다지 ~않다

낀
กิน
먹다

팍치-
ผักชี
고수

➡ 저는 고수를 잘 먹지 않아요.

2

디찬
ดิฉัน
저

마이 커-이
ไม่ค่อย
그다지 ~않다

빠이
ไป
가다

쑤쿰윗
สุขุมวิท
쑤쿰윗

➡ 저는 쑤쿰윗에 잘 가지 않아요.

3

카오
เขา
그

마이 커-이
ไม่ค่อย
그다지 ~않다

싸바-이
สบาย
평안하다

➡ 그는 그다지 잘 지내지 않아요.

4

프-안
เพื่อน
친구

마이 커-이
ไม่ค่อย
그다지 ~않다

처-ㅂ
ชอบ
관심이 있다

레-ㄴ
เล่น
놀다

께-ㅁ
เกม
게임

➡ 친구는 게임에 관심이 별로 없어요.

단어 **ผักชี** 팍치- 고수(채소) | **สุขุมวิท** 쑤쿰윗 쑤쿰윗(태국의 길거리 이름) | **เกม** 께-ㅁ 게임

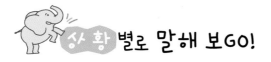

상황별로 말해 보GO!

▷ 패턴 017-019에서 배운 표현을 활용해 대답해 보세요.

🎧 022-4

태국어는 어떻습니까?

ภาษาไทย เป็นอย่างไร
파-싸- 타이   뻰 야ㅇ라이

태국어는 조금 어려워요.

ภาษาไทย ยาก นิดหน่อย
파-싸- 타이   야-ㄱ   닛너-이

태국어는 아주 재미있어요.

ภาษาไทย สนุก มาก
파-싸- 타이   싸눅   마-ㄱ

태국어는 영어보다 쉬워요.

ภาษาไทย ง่าย มากกว่า ภาษาอังกฤษ
파-싸- 타이   응아-이   마-ㄱ꽈-   파-싸- 앙끄릿

단어   เป็นอย่างไร 뻰 야ㅇ라이 어때요?

▷ 패턴 020-022에서 배운 표현을 활용해 대답해 보세요.

패턴 017-022에서 배운 내용을 암기 영상을 통해 복습해 보세요!

🎧 022-5

당신은 어떤 음식을 좋아하나요?

คุณ ชอบ กิน อะไร
쿤　처-ㅂ　낀　아라이

저는 팟타이를 가장 좋아해요.

ผม ชอบ ผัดไทย มากที่สุด
폼　처-ㅂ　팟타이　마-티-쏫

팟타이는 너무 맛있어요.

ผัดไทย อร่อย เกินไป
팟타이　아러-이　끄ㅓ-ㄴ빠이

저는 팟타이를 그다지 좋아하지 않아요.

ผม ไม่ค่อย ชอบ ผัดไทย
폼　마이 커-이　처-ㅂ　팟타이

패턴 023

"저는 부산에 간 적 있어요."

เคย

크ㅓ-이

'~(해 본) 적이 있다'라는 의미의 조동사로, 동사 앞에 위치하여 어떠한 경험이 있음을 나타냅니다.

 패턴이랑 친해지GO!

🎧 023-1

기본 패턴 3번 따라하기 ☑□□

저는 부산에 간 적 있어요.

폼	크ㅓ-이	빠이	뿌-싸-ㄴ
ผม	**เคย**	**ไป**	**ปูซาน**
저	~(해 본) 적 있다	가다	부산

저는 아르바이트한 적이 있어요.

디찬	크ㅓ-이	탐응아-ㄴ 피쎄-ㅅ
ดิฉัน	**เคย**	**ทำงานพิเศษ**
저	~(해 본) 적 있다	아르바이트하다

Tip: '~한 적 있나요?'라는 경험을 묻는 의문문을 만들 때는 '**เคย** 크ㅓ-이 + 동사 + **ไหม** 마이' 순으로 씁니다.

단어: **เคย** 크ㅓ-이 ~(해 본) 적 있다 | **ปูซาน** 뿌-싸-ㄴ 부산 | **ทำงานพิเศษ** 탐응아-ㄴ 피쎄-ㅅ 아르바이트하다

68 GO! 독학 태국어 패턴 100

5번 따라하기 ☑️◯◯◯◯

1

폼 ꞏ 크ㅓ-이 ꞏ 폽 ꞏ 카오
ผม เคย พบ เขา
저 ~(해 본) 적 있다 만나다 그

➡ 저는 그를 만난 적이 있어요.

2

디찬 ꞏ 크ㅓ-이 ꞏ 쓰ㅡ ꞏ 라-뜨ㅓ-리
ดิฉัน เคย ซื้อ ลอตเตอรี่
저 ~(해 본) 적 있다 사다 복권

➡ 저는 복권을 산 적이 있어요.

3

너-ㅇ차-이 ꞏ 크ㅓ-이 ꞏ 낀 ꞏ 투리-얀
น้องชาย เคย กิน ทุเรียน
남동생 ~(해 본) 적 있다 먹다 두리안

➡ 남동생은 두리안을 먹은 적이 있어요.

4

너-ㅇ싸-우 ꞏ 크ㅓ-이 ꞏ 퐝(f) ꞏ 플레-ㅇ 타이
น้องสาว เคย ฟัง เพลงไทย
여동생 ~(해 본) 적 있다 듣다 태국 노래

➡ 여동생은 태국 노래를 들은 적 있어요.

단어 **ลอตเตอรี่** 라-뜨ㅓ-리 복권 | **น้องชาย** 너-ㅇ차-이 남동생 | **ทุเรียน** 투리-얀 두리안 | **น้องสาว** 너-ㅇ싸-우 여동생 | **ฟัง** 퐝(f) 듣다 | **เพลงไทย** 플레-ㅇ 타이 태국 노래

STEP1 기본 패턴   **69**

패턴 024

"저는 유럽에 가 본 적 없어요."

ไม่เคย

마이 크ㅓ-이

'~(해 본) 적이 없다'라는 의미의 조동사로, 동사 앞에 위치하여 어떠한 경험이 없음을 나타냅니다.

 **패턴**이랑 친해지GO!

⌒ 024-1

기본 패턴 3번 따라하기 ✓☐☐

저는 유럽에 가 본 적 없어요.

ˇ폼	^마이 크ㅓ-이	̄빠이	́^유로-ㅂ
ผม	**ไม่เคย**	**ไป**	**ยุโรป**
저	~(해 본) 적 없다	가다	유럽

저는 태국어를 공부한 적 없어요.

̀ˇ디찬	^마이 크ㅓ-이	̄리-얀	̄ ̄ˇ파-싸- 타이
ดิฉัน	**ไม่เคย**	**เรียน**	**ภาษาไทย**
저	~(해 본) 적 없다	공부하다	태국어

Tip 경험 표현의 부정형인 '**ไม่เคย** 마이 크^ㅓ-이'의 앞에 '**ยัง** 양 아직'을 사용하여 '**ยังไม่เคย** 양 마이 크ㅓ-이 아직 ~(해 본) 적 없다'의 의미를 나타내기도 합니다.

단어 **ไม่เคย** 마이 크^ㅓ-이 ~(해 본) 적 없다 | **ยุโรป** 유로-́ㅂ 유럽

1

카오 　마̂이크ㅓ-이　두-　낭타이
เขา ไม่เคย ดู หนังไทย
그　~(해 본) 적 없다　보다　태국 영화

➡ 그는 태국 영화를 본 적 없어요.

2

트ㅓ-　마̂이크ㅓ-이　푸̂-ㅅ꼬-혹
เธอ ไม่เคย พูดโกหก
그녀　~(해 본) 적 없다　거짓말하다

➡ 그녀는 거짓말한 적 없어요.

3

매̂-　마̂이크ㅓ-이　싸이　라-ㅇ타오쏜쑤-ㅇ
แม่ ไม่เคย ใส่ รองเท้าส้นสูง
엄마　~(해 본) 적 없다　신다　하이힐

➡ 엄마는 하이힐을 신어 보신 적이 없어요.

4

퍼̂-　마̂이크ㅓ-이　낀　아하ㄴ타이
พ่อ ไม่เคย กิน อาหารไทย
아빠　~(해 본) 적 없다　먹다　태국 음식

➡ 아빠는 태국 음식을 먹어 보신 적이 없어요.

단어 **พูดโกหก** 푸̂-ㅅ꼬-혹 거짓말하다 | **ใส่** 싸이 신다, 입다 | **รองเท้าส้นสูง** 라-ㅇ타오쏜쑤-ㅇ 하이힐

패턴 025

"오랜만이에요."

ไม่ได้ ··· นานแล้ว

마이 다이   나ㅡㄴ래ㅡ우

'ไม่ได้ 마이 다이 ~하지 않다 + 동사(구) + นานแล้ว 나ㅡㄴ래ㅡ우 오래되다' 순으로 쓰여 '~한 지 오래되다', '오랜만에 ~하다'라는 의미를 나타냅니다.

🎧 025-1

패턴 이랑 친해지GO!

기본 패턴 3번 따라하기 ☑☐☐

오랜만이에요.

마이 다이   쩌ㅡ   깐   나ㅡㄴ래ㅡ우

ไม่ได้   **เจอ**   **กัน**   **นานแล้ว**

~하지 않다   만나다   서로   오래되다

똠얌꿍을 먹은 지 오래되었어요.

마이 다이   낀   똠얌꿍   나ㅡㄴ래ㅡ우

ไม่ได้   **กิน**   **ต้มยำกุ้ง**   **นานแล้ว**

~하지 않다   먹다   똠얌꿍   오래되다

 단어 **ไม่ได้** 마이 다이 ~하지 않다 | **นานแล้ว** 나ㅡㄴ래ㅡ우 오래되다 | **เจอ** 쩌ㅡ 만나다 | **กัน** 깐 서로, 함께

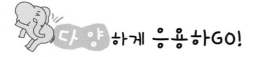

5번 따라하기 ✓ ☐☐☐☐

1

마이 다이   캅롯   나-ㄴ래-우

ไม่ได้   ขับรถ   นานแล้ว

~하지 않다   운전하다   오래되다

➡ 운전한 지 오래되었어요.

2

마이 다이   닷폼   나-ㄴ래-우

ไม่ได้   ดัดผม   นานแล้ว

~하지 않다   파마하다   오래되다

➡ 파마한 지 오래되었어요.

3

마이 다이   빠이티-야우   나-ㄴ래-우

ไม่ได้   ไปเที่ยว   นานแล้ว

~하지 않다   여행가다   오래되다

➡ 여행을 간 지 오래되었어요.

4

마이 다이   드-ㅁ   까-풰(f)-   나-ㄴ래-우

ไม่ได้   ดื่ม   กาแฟ   นานแล้ว

~하지 않다   마시다   커피   오래되다

➡ 커피를 마신 지 오래되었어요.

단어 | **ขับรถ** 캅롯 운전하다 | **ดัดผม** 닷폼 파마하다 | **ไปเที่ยว** 빠이티-야우 여행가다, 놀러 가다

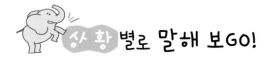

별로 말해 보GO!

▷ 패턴 023-025에서 배운 표현을 활용해 대답해 보세요.

🎧 025-4

당신은 운전을 해 본 적 있나요?

คุณ เคย ขับรถ ไหม
쿤　크ㅓ-이　캅롯　마이

저는 운전해 본 적 있어요.

ดิฉัน เคย ขับรถ
디찬　크ㅓ-이　캅롯

저는 운전해 본 적 없어요.

ผม ไม่เคย ขับรถ
폼　마이크ㅓ-이　캅롯

저는 운전한 지 오래되었어요.

ดิฉัน ไม่ได้ ขับรถ นานแล้ว
디찬　마이 다이　캅롯　나-ㄴ래-우

▷ 패턴 023-025에서 배운 표현을 활용해 대답해 보세요.

🎧 025-5

당신은 아르바이트를 해 본 적 있나요?

คุณ เคย ทำงานพิเศษ ไหม

쿤   크ㅓ-이   탐응아-ㄴ 피쎄-ㅅ   마이

저는 아르바이트한 적 있어요.

ผม เคย ทำงานพิเศษ

폼   크ㅓ-이   탐응아-ㄴ 피쎄-ㅅ

저는 아르바이트한 적 없어요.

ดิฉัน ไม่เคย ทำงานพิเศษ

디찬   마이 크ㅓ-이   탐응아-ㄴ 피쎄-ㅅ

저는 아르바이트한 지 오래됐어요.

ผม ไม่ได้ ทำงานพิเศษ นานแล้ว

폼   마이 다이   탐응아-ㄴ 피쎄-ㅅ   나-ㄴ래-우

패턴 026

"저는 한국에 있어요."

ที่
티-

'~에(서)'라는 의미로, 장소와 관련된 단어 앞에 위치하여 위치·장소를 나타내는 전치사입니다. 주로 '넓은 공간'을 나타낼 때 사용합니다.

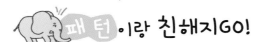

🎧 026-1

기본 패턴 3번 따라하기 ☑☐☐

저는 한국에 있어요.

폼	유-	티-	까올리-
ผม	อยู่	ที่	เกาหลี
저	있다	~에(서)	한국

여동생은 미국에서 일해요.

너-ㅇ싸우	탐응아-ㄴ	티-	아메-리까
น้องสาว	ทำงาน	ที่	อเมริกา
여동생	일하다	~에(서)	미국

Tip 'อยู่ 유-'가 현재시제로 쓰이면 '~하는 중이다'라는 뜻이지만, 동사로 쓰이면 '(~에 위치해) 있다', '살다', '거주하다', 라는 의미를 나타냅니다.

단어 ที่ 티- (넓은 공간)~에(서) | อยู่ 유- (~에 위치해) 있다, 살다, 거주하다 | อเมริกา 아메-리까 미국

5번 따라하기 ☑ ⬜⬜⬜⬜

1
품 / 리·얀 / 티- / 마하-윗타야-라이
ผม เรียน ที่ มหาวิทยาลัย
저 / 공부하다 / ~에(서) / 대학교

➡ 저는 대학교에서 공부해요.

2
카오 / 폽 / 트ㅓ- / 티- / 싸나-ㅁ빈
เขา พบ เธอ ที่ สนามบิน
그 / 만나다 / 그녀 / ~에(서) / 공항

➡ 그는 공항에서 그녀를 만나요.

3
퍼- / 왜 / 빠이 / 티- / 버-리쌋
พ่อ แวะ ไป ที่ บริษัท
아빠 / 잠깐 들르다 / 가다 / ~에(서) / 회사

➡ 아빠는 회사에 잠깐 들렀다 가요.

4
낙텅-ㅇ티-야우 / 빠이 / 티- / 치-양마이
นักท่องเที่ยว ไป ที่ เชียงใหม่
여행가 / 가다 / ~에(서) / 치앙마이

➡ 여행가는 치앙마이에 가요.

단어 **มหาวิทยาลัย** 마하-윗타야-라이 대학교 | **สนามบิน** 싸나-ㅁ빈 공항 | **แวะ** 왜 잠깐 들르다 | **บริษัท** 버-리쌋 회사 | **นักท่องเที่ยว** 낙텅-ㅇ티-야우 여행가 | **เชียงใหม่** 치-양마이 치앙마이(태국의 예술 도시)

패턴 027

"학생은 교실에 있어요."

ใน

나이

'~에(서)'라는 의미로, 장소와 관련된 단어 앞에 위치하여 위치·장소를 나타내는 전치사입니다. 주로 '좁은 공간'을 나타낼 때 사용합니다.

패턴이랑 친해지GO!

🎧 027-1

기본 패턴 3번 따라하기 ☑◯◯

학생은 교실에 있어요.

낙리-얀   유-   나이   허-ㅇ리-얀

นักเรียน   อยู่   ใน   ห้องเรียน

학생   있다   ~에(서)   교실

남동생은 도서관에서 책을 읽어요.

너-ㅇ차-이   아-ㄴ   낭쓰-   나이   허-ㅇ싸뭇

น้องชาย   อ่าน   หนังสือ   ใน   ห้องสมุด

남동생   읽다   책   ~에(서)   도서관

단어 ▸ **ใน** 나이 (좁은 공간)~에(서) | **นักเรียน** 낙리-얀 학생 | **ห้อง** 허-ㅇ 방 | **ห้องเรียน** 허-ㅇ리-얀 교실 | **ห้องสมุด** 허-ㅇ싸뭇 도서관

5번 따라하기 ☑️⬜⬜⬜⬜

(1)
카오   유-̀   나이   촌나봇
เขา   อยู่   ใน   ชนบท
그   살다   ~에(서) 시골

➡ 그는 시골에 살아요.

(2)
루-ㄱ카́   촘   나이   라́ㄴ
ลูกค้า   ชม   ใน   ร้าน
손님   구경하다 ~에(서) 가게

➡ 손님은 가게에서 구경해요.

(3)
매-̂   탐아-하-ㄴ   나이   허-ㅇ크루-아
แม่   ทำอาหาร   ใน   ห้องครัว
엄마   요리하다   ~에(서) 주방

➡ 엄마는 주방에서 요리하세요.

(4)
프-안̂   드-ㅁ̀   까-풰(f)-   나이   라́ㄴ까-풰(f)-
เพื่อน   ดื่ม   กาแฟ   ใน   ร้านกาแฟ
친구   마시다   커피   ~에(서) 카페

➡ 친구는 카페에서 커피를 마셔요.

단어 **ชนบท** 촌나봇 시골 | **ลูกค้า** 루-ㄱ카́ 손님 | **ชม** 촘 구경하다 | **ร้าน** 라́ㄴ 가게 | **ห้องครัว** 허-ㅇ크루-아 주방 | **ร้านกาแฟ** 라́ㄴ까-풰(f)- 카페

"이 근처에 식당이 있어요."

A มี B

미-

'A에 B가 있다'라는 의미로, 사물이 위치하고 있는 장소는 A에 놓고 사물은 B에 놓아서 어떠한 장소에 있는 사물의 위치를 나타냅니다.

🎧 028-1

기본 패턴 3번 따라하기 ✓☐☐

이 근처에 식당이 있어요.

태-우   니-   미-   로-ㅇ아-하ㄴ

แถว นี้ มี โรงอาหาร

근처   이   ~이(가) 있다   식당

공원에 꽃이 있어요.

쑤-안   미-   더-ㄱ마이

สวน มี ดอกไม้

공원   ~이(가) 있다   꽃

Tip   'มี 미-'와 'อยู่ 유-'는 둘 다 '있다'라는 뜻이지만, 'มี 미-'는 '(소유하고) 있다'의 의미를, 'อยู่ 유-'는 '(~에 위치해) 있다'의 의미를 나타낸다는 차이가 있습니다.

단어   มี 미- (소유하고) 있다 | แถว 태-우 근처, 줄, 열, 차례 | โรงอาหาร 로-ㅇ아-하ㄴ 식당 | สวน 쑤-안 공원 | ดอกไม้ 더-ㄱ마이 꽃

5번 따라하기 ☑☐☐☐☐

1
딸라ㅅ   미-   폰라마이
ตลาด มี ผลไม้
시장   ~이(가) 있다   과일

➡ 시장에 과일이 있어요.

2
로-ㅇ래-ㅁ   미-   싸와-이남
โรงแรม มี สระว่ายน้ำ
호텔   ~이(가) 있다   수영장

➡ 호텔에 수영장이 있어요.

3
허-ㅇ싸뭇   미-   커-ㅁ피우떠-
ห้องสมุด มี คอมพิวเตอร์
도서관   ~이(가) 있다   컴퓨터

➡ 도서관에 컴퓨터가 있어요.

4
라-ㄴ싸두-억쓰-   미-   아이싸끄리-ㅁ
ร้านสะดวกซื้อ มี ไอศกรีม
편의점   ~이(가) 있다   아이스크림

➡ 편의점에 아이스크림이 있어요.

단어   **ตลาด** 딸라ㅅ 시장 | **ผลไม้** 폰라마이 과일 | **สระว่ายน้ำ** 싸와-이남 수영장 | **คอมพิวเตอร์**
커-ㅁ피우떠- 컴퓨터 | **ร้านสะดวกซื้อ** 라-ㄴ싸두-억쓰- 편의점 | **ไอศกรีม** 아이싸끄리-ㅁ 아이스크림

패턴 029

"당신은 어디에서 왔어요?"

จาก

짜-ㄱ

'~에서', '~(으로)부터'라는 의미로, 방향이나 시간, 장소와 관련된 단어 앞에 위치하여 기간이나 구간의 시작 지점을 나타내는 전치사입니다.

패턴이랑 친해지GO!

🎧 029-1

기본 패턴 3번 따라하기 ✓◯◯

당신은 어디에서 왔어요?

쿤	마-	짜-ㄱ	티-나이
คุณ	**มา**	**จาก**	**ที่ไหน**
당신	오다	~에서	어디

저는 한국에서 왔어요.

디찬	마-	짜-ㄱ	까올리-
ดิฉัน	**มา**	**จาก**	**เกาหลี**
저	오다	~에서	한국

Tip 'จาก 짜-ㄱ'은 기간을 나타낼 때와 거리를 나타낼 때 모두 사용할 수 있습니다.

단어 จาก 짜-ㄱ ~에서, ~(으로)부터 | ที่ไหน 티-나이 어디

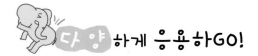

1

폼 · 라-어-ㄱ · 짜-ㄱ · 바-리쌋

ผม ลาออก จาก บริษัท
저 · 퇴직하다 · ~에서 · 회사

➡ 저는 회사에서 **퇴직했어요.**

2

디찬 · 꾸- · 응으어-ㄴ · 짜-ㄱ · 카오

ดิฉัน กู้ เงิน จาก เขา
저 · 빌리다 · 돈 · ~에서 · 그

➡ 저는 그 사람으로부터 돈을 빌렸어요.

3

싸타-니- · 하-ㅇ · 끌라이 · 짜-ㄱ · 로-ㅇ래-ㅁ

สถานี ห่าง ไกล จาก โรงแรม
역 · 떨어져 있다 · 멀다 · ~에서 · 호텔

➡ 역은 호텔에서 멀리 떨어져 있어요.

4

짜-ㄱ · 난 · 폼 · 탐응아-ㄴ · 에-ㅇ

จาก นั้น ผม ทำงาน เอง
~부터 · 그, 그것 · 저 · 일하다 · 스스로

➡ 거기부터 제가 스스로 일했어요.

단어 **ลาออก** 라-어-ㄱ 퇴직하다 | **สถานี** 싸타-니- (대중교통)역, 정거장 | **ห่าง** 하-ㅇ 떨어져 있다 | **นั้น** 난 그, 그것(지시형용사) | **เอง** 에-ㅇ 스스로

패턴 030

"방콕에서 후아힌까지 멀지 않아요."

ถึง

ᵛ
틍

'~까지'라는 의미로, 방향이나 시간, 장소와 관련된 단어 앞에 위치하여 기간이나 구간의 끝 지점을 나타내는 전치사입니다.

🎧 030-1

기본 패턴 3번 따라하기 ☑☐☐

방콕에서 후아힌까지 멀지 않아요.

짜-ㄱ	끄룽테-ㅂ	틍	후-아힌	마이	끌라이
จาก	**กรุงเทพ**	**ถึง**	**หัวหิน**	**ไม่**	**ไกล**
~에서	방콕	~까지	후아힌	~하지 않다	멀다

서울에서 부산까지 얼마나 걸리나요?

짜-ㄱ	므-앙쏘-ㄴ	틍	므-앙뿌- 싸-ㄴ	차이	웨-ㄹ라	타오라이
จาก	**เมืองโซล**	**ถึง**	**เมืองปูซาน**	**ใช้**	**เวลา**	**เท่าไร**
~에서	서울	~까지	부산	사용하다	시간	얼마나

> **Tip** 'จาก 짜-ㄱ A ถึง 틍 B'처럼 '~에서(부터)'와 '~까지'를 함께 사용하여 'A부터 B까지'라는 의미를 나타냅니다.

> **단어** **ถึง** 틍 ~까지 **|** **หัวหิน** 후-아힌 후아힌(태국 왕실의 휴양지) **|** **เมือง** 므-앙 도시 **|** **ใช้** 차이 사용하다 **|**
> **เวลา** 웨-ㄹ라 시간 **|** **เท่าไร** 타오라이 얼마나, 얼마

다양하게 응용하GO!

느리게 듣기 🎧 030-2   빠르게 듣기 🎧 030-3

5번 따라하기 ☑◯◯◯◯

1

마ー   틍ˇ   티-니-^^

มา   ถึง   ที่นี่

오다   ~까지   이곳

➡ 이곳까지 오세요.

2

롯퐈(f)이´   빠이ー   틍ˇ   싸타-니- 터-으러-

รถไฟ   ไป   ถึง   สถานีทองหล่อ

기차   가다   ~까지   텅러역

➡ 기차는 텅러역까지 가요.

3

아-ˋ   낭쓰-ˇˇ   틍ˇ   봇ˋ 티-^   싸-ㅁ씹ˇ

อ่าน   หนังสือ   ถึง   บทที่ 30

읽다   책   ~까지   과   30

➡ 30과까지 책을 읽었어요.

4

라오ー   낭^   롯메-´   짜ˋㄱ   싸나-ㅁ빈ˇ   틍ˇ   로-으래-ㅁ

เรา   นั่ง   รถเมล์   จาก   สนามบิน   ถึง   โรงแรม

우리   타다   버스   ~에서   공항   ~까지   호텔

➡ 우리는 공항에서 호텔까지 버스를 타요.

단어 **รถไฟ** 롯퐈(f)이 기차 | **สถานีทองหล่อ** 싸타-니- 터-으러- 텅러역 | **บท** 봇 과, 차시 | **นั่ง** 낭 타다, 앉다 |
รถเมล์ 롯메- 버스

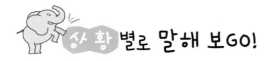 별로 말해 보GO!

▷ 패턴 026-027에서 배운 표현을 활용해 대답해 보세요.   🎧 030-4

지금 당신은 무엇을 하고 있나요?
ตอนนี้ คุณ ทำ อะไร อยู่
떠-ㄴ니-   쿤   탐   아라이   유-

저는 도서관에서 책을 읽어요.
ดิฉัน อ่าน หนังสือ ใน ห้องสมุด
디찬   아-ㄴ   낭쓰-   나이   허-ㅇ싸뭇

저는 공항에서 친구를 만나요.
ผม พบ เพื่อน ที่ สนามบิน
폼   폽   프-안   티-   싸나-ㅁ빈

저는 교실에서 공부해요.
ดิฉัน เรียน ใน ห้องเรียน
디찬   리-얀   나이   허-ㅇ리-얀

단어   **ตอนนี้** 떠-ㄴ니- 지금, 당장

▷ 패턴 028-030에서 배운 표현을 활용해 대답해 보세요.

030-5

집에서 시장까지 먼가요?

จาก บ้าน ถึง ตลาด ไกล ไหม
짜-ㄱ   바-ㄴ   틍   딸라-ㅅ   끌라이   마이

집 근처에 시장이 있어요.

แถว บ้าน มี ตลาด
태-우   바-ㄴ   미-   딸라-ㅅ

집에서 시장까지 멀지 않아요.

จาก บ้าน ถึง ตลาด ไม่ ไกล
짜-ㄱ   바-ㄴ   틍   딸라-ㅅ   마이   끌라이

집에서 시장까지 5분 걸려요.

จาก บ้าน ถึง ตลาด ใช้ เวลา 5 นาที
짜-ㄱ   바-ㄴ   틍   딸라-ㅅ   차이   웨-ㄹ라   하   나-티-

패턴 031

"그는 차를 살 수 있어요."

ได้
다이

'~할 수 있다'라는 의미의 조동사로, 동사, 목적어, 보어 뒤에 위치하여 광범위한 의미의 '가능'을 나타냅니다. 참고로 'ได้다이'가 동사로 쓰일 때는 '얻다'라는 뜻입니다.

🎧 031-1

 이랑 친해지GO!

기본 패턴 3번 따라하기 ☑☐☐

그는 **차를** 살 수 있어요.

카오	쓰ᅳ	롯	다이
เขา	**ซื้อ**	**รถ**	**ได้**
그	사다	차	~할 수 있다

그녀는 **수영할** 수 있어요.

트ᅥ-	와-이남	다이
เธอ	**ว่ายน้ำ**	**ได้**
그녀	수영하다	~할 수 있다

Tip 가능조동사 'ได้다이'는 '~할 수 있다'라는 의미 외에도 '~해도 좋다'라는 의미로 사용하기도 합니다. 특히, 'ก็ได้ 꺼다이'는 양보나 가능성의 의미를 나타내어 'อะไรก็ได้아라이 꺼다이 무엇이든 좋다'라고 쓰입니다.

단어 ได้ 다이 ~할 수 있다

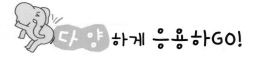

5번 따라하기 ☑□□□□

1

폼   푸-ㅅ   파-싸- 타이   다이

ผม   พูด   ภาษาไทย   ได้

저   말하다   태국어   ~할 수 있다

➡ 저는 태국어를 말할 수 있어요.

2

디찬   낀   똠얌꿍   다이

ดิฉัน   กิน   ต้มยำกุ้ง   ได้

저   먹다   똠얌꿍   ~할 수 있다

➡ 저는 똠얌꿍을 먹을 수 있어요.

3

로-ㄱ   띳따-   다이

โรค   ติดต่อ   ได้

병   옮다   ~할 수 있다

➡ 병은 옮을 수 있어요.

4

차이   밧크레-딧   다이

ใช้   บัตรเครดิต   ได้

사용하다   신용카드   ~할 수 있다

➡ 신용카드를 사용할 수 있어요.

단어   **พูด** 푸-ㅅ 말하다 | **โรค** 로-ㄱ 병 | **ติดต่อ** 띳따- 옮다, 전염하다 | **บัตรเครดิต** 밧크레-딧 신용카드

"저는 운전할 줄 알아요."

เป็น
—
뻰

'~할 줄 안다', '~할 수 있다'라는 의미의 조동사로, 동사, 목적어, 보어 뒤에 위치하여 특별한 학습이나 훈련을 통해 할 수 있는 '가능'을 나타냅니다. 참고로 'เป็น 뻰'이 동사로 쓰일 때는 '~이다'라는 뜻입니다.

 이랑 친해지GO!

🎧 032-1

기본 패턴 3번 따라하기 ☑☐☐

저는 운전할 줄 알아요.

ˇ 폼	ˇ ˇ 캅롯	— 뻰
ผม	**ขับรถ**	**เป็น**
저	운전하다	~할 줄 안다

저는 태국어를 쓸 줄 알아요.

ˇ ˇ 디찬	— ˇ 키-안	— ˇ — 파-싸-타이	— 뻰
ดิฉัน	**เขียน**	**ภาษาไทย**	**เป็น**
저	쓰다	태국어	~할 줄 안다

Tip) 음주나 흡연과 관련된 표현을 할 때도 가능조동사 'เป็น 뻰'을 사용하여 '가능'의 의미를 나타냅니다.

단어) **เป็น** 뻰 (학습 · 훈련을 통해) ~할 줄 안다, ~할 수 있다 | **เขียน** ˇ 키-안 쓰다, 작성하다

다 양하게 응용하GO!

5번 따라하기 ⬤◯◯◯◯

1
카오　띠-　꺼-ㅂ　뻰
เขา　ตี　กอล์ฟ　เป็น
그　치다　골프　~할 줄 안다

➡ 그는 골프를 칠 줄 알아요.

2
트ㅓ-　드-ㅁ　라오　뻰
เธอ　ดื่ม　เหล้า　เป็น
그녀　마시다　술　~할 줄 안다

➡ 그녀는 술을 마실 줄 알아요.

3
아-짜-ㄴ　레-ㄴ　커-ㅁ피우떠-　뻰
อาจารย์　เล่น　คอมพิวเตอร์　เป็น
교수님　하다, 놀다　컴퓨터　~할 줄 안다

➡ 교수님은 컴퓨터를 할 줄 아세요.

4
루-ㄱ싸우　커-ㅇ　폼　차이　따끼-얍　뻰
ลูกสาว　ของ　ผม　ใช้　ตะเกียบ　เป็น
딸　~의　저　사용하다　젓가락　~할 줄 안다

➡ 제 딸은 젓가락을 사용할 줄 알아요.

단어 ตี 띠- 치다, 때리다 | **กอล์ฟ** 꺼-ㅂ 골프 | **เหล้า** 라오 술 | **อาจารย์** 아-짜-ㄴ 교수, 스승 | **ลูกสาว** 루-ㄱ싸-우 딸 | **ของ** 커-ㅇ ~의, 물건 | **ตะเกียบ** 따끼-얍 젓가락

STEP1 기본 패턴　**91**

"저는 등산할 수 있어요."

ไหว

ˇ
와이

'~할 수 있다'라는 의미의 조동사로, 동사, 목적어, 보어 뒤에 위치하여 심리적 · 신체적인 요인과 관련된 어떠한 상황에 의해 할 수 있는 '가능'을 나타냅니다. 참고로 'ไหว 와이'가 동사로 쓰일 때는 '진동하다', '흔들리다'라는 뜻입니다.

 패턴이랑 친해지GO!

🎧 033-1

기본 패턴 3번 따라하기 ☑◻◻

저는 **등산할** 수 있어요.

ˇ 폼	– 삐-ㄴ	ˇ 카오	ˇ 와이
ผม	**ปีน**	**เขา**	**ไหว**
저	오르다	산	~할 수 있다

저는 **일할** 수 있어요.

` ` 디찬	– – 탐응아-ㄴ	ˇ 와이
ดิฉัน	**ทำงาน**	**ไหว**
저	일하다	~할 수 있다

Tip 'เขา 카오'가 대명사로 쓰이면 3인칭으로 '그(그녀)'라는 의미를 나타내지만, 명사로 쓰이면 '산'이라는 뜻입니다.

단어 ไหว 와이 (심리적 · 신체적으로) ~할 수 있다 | ปีน 삐-ㄴ 오르다, 기어오르다 | เขา 카오 산, 그(그녀)

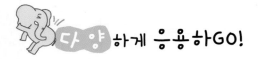

5번 따라하기 ☑◯◯◯◯

1

트ㅓ-   윙   와이

เธอ   วิ่ง   ไหว

그녀   달리다   ~할 수 있다

➡ 그녀는 달릴 수 있어요.

2

덱   큰   반다이   와이

เด็ก   ขึ้น   บันได   ไหว

아이   오르다   계단   ~할 수 있다

➡ 아이는 계단을 오를 수 있어요.

3

프-안   욕   끌러-ㅇ   니-   와이

เพื่อน   ยก   กล่อง   นี้   ไหว

친구   들다   상자   이   ~할 수 있다

➡ 친구는 이 상자를 들 수 있어요.

4

카오   캅롯   와이

เขา   ขับรถ   ไหว

그   운전하다   ~할 수 있다

➡ 그는 운전할 수 있어요.

단어   **วิ่ง** 윙 달리다 | **เด็ก** 덱 아이 | **ขึ้น** 큰 오르다, 올라가다, 타다 | **บันได** 반다이 계단 | **ยก** 욕 들다

패턴 034

"친구는 올 수 없어요."

ไม่ได้

마이 다이

'~할 수 없다'라는 의미의 조동사로, 동사, 목적어, 보어 뒤에 위치하여 광범위한 의미에서의 '불가능'을 나타냅니다.

 패턴이랑 친해지GO!

034-1

기본 패턴 3번 따라하기 ☑☐☐

친구는 올 수 없어요.

프-안 / 마 / 마이 다이

เพื่อน **มา** **ไม่ได้**

친구 / 오다 / ~할 수 없다

저는 쉴 수 없어요.

폼 / 팍퍼-ㄴ / 마이 다이

ผม **พักผ่อน** **ไม่ได้**

저 / 쉬다 / ~할 수 없다

Tip '~할 수 있다'라는 의미의 '가능'에 대한 부정이므로, 조동사 앞에 부정사 'ไม่ 마이'를 사용하여 '~할 수 없다'라는 의미인 '불가능'을 나타냅니다.

단어 ไม่ได้ 마이 다이 ~할 수 없다

94 GO! 독학 태국어 패턴 100

1

싸타-니-　니-　떠-롯　마이 다이
สถานี นี้ ต่อรถ ไม่ได้
역　이　차를 갈아타다　~할 수 없다

➡ 이 역에서는 환승할 수 없어요.

2

라-ㄴ　니-　롯　라-카-　마이 다이
ร้าน นี้ ลด ราคา ไม่ได้
가게　이　줄다　가격　~할 수 없다

➡ 이 가게는 가격을 깎을 수 없어요.

3

폼　낀　아-하-ㄴ　펫　마이 다이
ผม กิน อาหาร เผ็ด ไม่ได้
저　먹다　음식　맵다　~할 수 없다

➡ 저는 매운 음식을 먹을 수 없어요.

4

나이　크르-앙빈　차이　토-라-쌉　마이 다이
ใน เครื่องบิน ใช้ โทรศัพท์ ไม่ได้
~에(서)　비행기　사용하다　휴대전화　~할 수 없다

➡ 비행기에서는 휴대전화를 사용할 수 없어요.

단어　**ต่อรถ** 떠-롯 차를 갈아타다 **| ลด** 롯 줄다, 감소하다 **| เครื่องบิน** 크르-앙빈 비행기 **| โทรศัพท์** 토-라쌉
휴대전화, 전화기

패턴 035

"교수님은 테니스를 칠 줄 모르세요."

ไม่เป็น

마이 뻰

'~할 줄 모르다', '~할 수 없다'라는 의미의 조동사로, 동사, 목적어, 보어 뒤에 위치하여 특별한 학습이나 훈련을 통해 할 수 없는 '불가능'을 나타냅니다.

🎧 035-1

기본 패턴 3번 따라하기 ☑️◻️◻️

교수님은 테니스를 칠 줄 모르세요.

아-짜-ㄴ	레-ㄴ	테-ㄴ닛	마이 뻰
อาจารย์	**เล่น**	**เทนนิส**	**ไม่เป็น**
교수님	(운동을) 하다	테니스	~할 줄 모르다

그 가수는 중국어로 말할 줄 몰라요.

낙러-ㅇ	콘	난	푸-ㅅ	파-싸-찌-ㄴ	마이 뻰
นักร้อง	**คน**	**นั้น**	**พูด**	**ภาษาจีน**	**ไม่เป็น**
가수	사람	그	말하다	중국어	~할 줄 모르다

단어 | **ไม่เป็น** 마이 뻰 (학습 · 훈련을 통해) ~할 줄 모르다, ~할 수 없다 | **เทนนิส** 테-ㄴ닛 테니스 | **นักร้อง** 낙러-ㅇ 가수

느리게 듣기 🎧 035-2 빠르게 듣기 🎧 035-3

5번 따라하기 ☑◯◯◯◯

1

폼 키- 머-뜨ㅓ-싸이 마이 뻰
ผม ขี่ มอเตอร์ไซค์ ไม่เป็น
저 타다, 몰다 오토바이 ~할 줄 모르다

➡ 저는 오토바이를 탈 줄 몰라요.

2

디찬 레-ㄴ 삐-아노- 마이 뻰
ดิฉัน เล่น เปียโน ไม่เป็น
저 하다, 놀다 피아노 ~할 줄 모르다

➡ 저는 피아노를 칠 줄 몰라요.

3

카오 써-ㅁ 롯 마이 뻰
เขา ซ่อม รถ ไม่เป็น
그 수리하다 차 ~할 줄 모르다

➡ 그는 차를 수리할 줄 몰라요.

4

트ㅓ- 아-ㄴ 뚜-아악써-ㄴ 타이 마이 뻰
เธอ อ่าน ตัวอักษร ไทย ไม่เป็น
그녀 읽다 문자 태국 ~할 줄 모르다

➡ 그녀는 태국 문자를 읽을 줄 몰라요.

단어 **ขี่** 키- 타다, 몰다 | **มอเตอร์ไซค์** 머-뜨ㅓ-싸이 오토바이 | **เปียโน** 삐-아노- 피아노 | **ซ่อม** 써-ㅁ 수리하다,
고치다 | **ตัวอักษร** 뚜-아악써-ㄴ 문자

"저는 걸을 수 없어요."

ไม่ไหว

마이 와이

'~할 수 없다'라는 의미의 조동사로, 동사, 목적어, 보어 뒤에 위치하여 심리적 · 신체적인 요인과 관련된 어떠한 상황에 의해 할 수 없는 '불가능'을 나타냅니다.

 이랑 친해지GO!

🎧 036-1

기본 패턴 3번 따라하기 ☑◻◻

저는 걸을 수 없어요.

폼	드ㅓ-ㄴ	마이 와이
ผม	**เดิน**	**ไม่ไหว**
저	걷다	~할 수 없다

저는 술을 마실 수 없어요.

디찬	드-ㅁ	라오	마이 와이
ดิฉัน	**ดื่ม**	**เหล้า**	**ไม่ไหว**
저	마시다	술	~할 수 없다

 단어 ไม่ไหว 마이 와이 (심리적 · 신체적으로) ~할 수 없다 | เดิน 드ㅓ-ㄴ 걷다

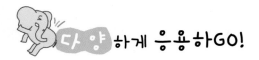

5번 따라하기 ☑◯◯◯◯

1

폼   톤   이-ㄱ   마이 와이

ผม ทน อีก ไม่ไหว

저   참다   더   ~할 수 없다

➡ 저는 더 참을 수 없어요.

2

디찬   낀   떠-   마이 와이

ดิฉัน กิน ต่อ ไม่ไหว

저   먹다   계속해서   ~할 수 없다

➡ 저는 더 먹을 수 없어요.

3

떠-ㄴ니-   탐응아-ㄴ   마이 와이

ตอนนี้ ทำงาน ไม่ไหว

지금   일하다   ~할 수 없다

➡ 지금 일할 수 없어요.

4

완니-   매-   탐아-하-ㄴ   마이 와이

วันนี้ แม่ ทำอาหาน ไม่ไหว

오늘   엄마   요리하다   ~할 수 없다

➡ 오늘 엄마는 요리하실 수 없어요.

단어   **ทน** 톤 참다, 견디다 | **อีก** 이-ㄱ 더, 또 | **ต่อ** 떠- 계속해서, 잇단

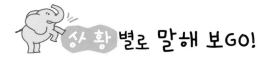

상황별로 말해 보GO!

▷ 패턴 031-033에서 배운 표현을 활용해 대답해 보세요.

🎧 036-4

당신은 요리할 수 있나요?

คุณ ทำอาหาร ได้ ไหม
쿤   탐아−하−ㄴ   다이   마이

저는 요리할 수 있어요.

ดิฉัน ทำอาหาร ได้
디찬   탐아−하−ㄴ   다이

저는 팟타이를 할 줄 알아요.

ผม ทำ ผัดไทย เป็น
폼   탐   팟타이   뻰

지금 저는 밥을 지을 수 있어요.

ตอนนี้ ดิฉัน หุง ข้าว ไหว
떠−ㄴ니−   디찬   훙   카−우   와이

 หุง 훙 (밥을) 짓다

▷ 패턴 032-036에서 배운 표현을 활용해 대답해 보세요.

🎧 036-5

당신은 운전할 수 있나요?

คุณ ขับรถ ได้ ไหม
쿤 · · · 캅롯 ∨ 다이 ∨ 마이 —

저는 미성년자예요.

ผม เป็น ผู้เยาว์
폼 ∨ 뻰 ∨ 푸-야오 ^ —

저는 운전할 줄 몰라요.

ดิฉัน ขับรถ ไม่เป็น
디찬 ∖∖ 캅롯 ∨∖ 마이 뻰 ^—

지금 저는 운전할 수 없어요.

ตอนนี้ ผม ขับรถ ไม่ไหว
떠-ㄴ니- —∖ 폼 ∨ 캅롯 ∨∖ 마이 와이 ^—

단어 **ผู้เยาว์** 푸-야오 ^— 미성년자

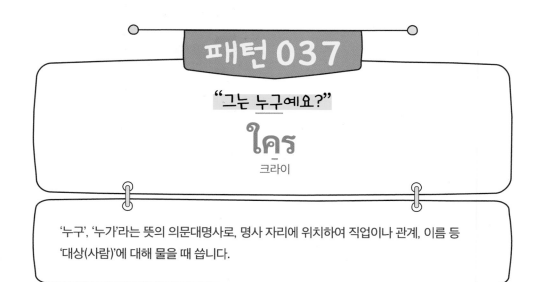

"그는 누구예요?"

ใคร
크라이

'누구', '누가'라는 뜻의 의문대명사로, 명사 자리에 위치하여 직업이나 관계, 이름 등 '대상(사람)'에 대해 물을 때 씁니다.

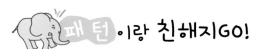

기본 패턴 3번 따라하기 ☑☐☐

그는 누구예요?

카오	뻰	크라이
เขา	เป็น	ใคร
그	~이다	누구

그 남자는 누구예요?

푸-차-이	콘	난	뻰	크라이
ผู้ชาย	คน	นั้น	เป็น	ใคร
남자	사람	그	~이다	누구

단어 ใคร 크라이 누구, 누가 | ผู้ชาย 푸-차-이 남자

102 GO! 독학 태국어 패턴 100

1

크루-쁘라짬찬
ครูประจำชั้น
담임선생님

뻰
เป็น
~이다

크라이
ใคร
누구

➡ 담임선생님은 누구예요?

2

나이
ใน
~안에

니
นี้
이

크라이
ใคร
누가

쑤-아이
สวย
예쁘다

티-쑷
ที่สุด
가장

➡ 이 중에서 누가 가장 예뻐요?

3

크라이
ใคร
누가

쓰
ซื้อ
사다

카놈
ขนม
간식

하이
ให้
(~에게) 주다

마
หมา
강아지

➡ 누가 강아지에게 간식을 사줬어요?

4

쿤매-
คุณแม่
어머니

커-ㅇ
ของ
~의

쿤
คุณ
당신

뻰
เป็น
~이다

크라이
ใคร
누구

➡ 당신의 어머니는 누구세요?

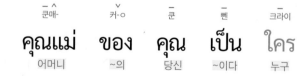

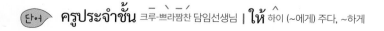

단어 **ครูประจำชั้น** 크루-쁘라짬찬 담임선생님 | **ให้** 하이 (~에게) 주다, ~하게

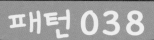

패턴 038

"이것은 무엇이에요?"

อะไร

อาไร

'무엇'이라는 뜻의 의문대명사로, 명사 자리에 위치하여 모르는 사실이나 사물에 대해 물을 때 씁니다.

🎧 038-1

기본 패턴 3번 따라하기 ☑☐☐

이것은 무엇이에요?

นี่ | คือ | อะไร
니- | 크- | 아라이
이것 | ~이다 | 무엇

당신은 무엇을 먹고 싶어요?

คุณ | อยาก | กิน | อะไร
쿤 | 야-ㄱ | 낀 | 아라이
당신 | ~하고 싶다 | 먹다 | 무엇

> **Tip** 상대방이 하는 이야기를 정확히 듣지 못한 경우 다시 한 번 이야기해달라고 할 때, 'อะไรคะ 아라이카' 혹은 'อะไรครับ 아라이크랍'을 사용하여 말합니다.

> **단어** อะไร 아라이 무엇 | อยาก 야-ㄱ ~하고 싶다

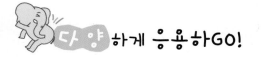
5번 따라하기 ☑☐☐☐☐

1

쿤 · 츠- · 아라이

คุณ **ชื่อ** **อะไร**

당신 · 이름 · 무엇

➡ 당신의 이름은 무엇인가요?

2

카오 · 탐응아-ㄴ · 아라이

เขา **ทำงาน** **อะไร**

그 · 일하다 · 무엇

➡ 그는 무슨 일을 하나요?

3

트ㅓ- · 헨 · 아라이

เธอ **เห็น** **อะไร**

그녀 · 보다 · 무엇

➡ 그녀는 무엇을 보나요?

4

프-안 · 처-ㅂ · 아라이

เพื่อน **ชอบ** **อะไร**

친구 · 좋아하다 · 무엇

➡ 친구는 무엇을 좋아해요?

 **ชื่อ** 츠- 이름 | **เห็น** 헨 보다

패턴 039

"한국에 언제 오나요?"

เมื่อไหร่

므-아라이

'언제'라는 뜻의 의문사로, 문장 앞이나 뒤에 위치하여 '시간'을 물을 때 씁니다.

🎧 039-1

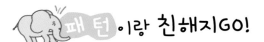 **이랑 친해지GO!**

기본 패턴 3번 따라하기 ☑☐☐

한국에 언제 오나요?

마	까올리	므-아라이
มา	**เกาหลี**	**เมื่อไหร่**
오다	한국	언제

집에 언제 돌아가요(와요)?

끌랍	바-ㄴ	므-아라이
กลับ	**บ้าน**	**เมื่อไหร่**
돌아가다(오다)	집	언제

Tip '언제'라는 뜻의 의문사로 '**เมื่อไหร่** 므-아라이'와 '**เมื่อไร** 므-아라이' 둘 다 쓸 수 있습니다.

단어 **เมื่อไหร่** 므-아라이 언제

 다양하게 응용하GO!

5번 따라하기 ☑◻◻◻◻

1

라-ㄴ　　마이　　쁘ㅓ-ㅅ　　므-아라이
ร้าน　　ใหม่　　เปิด　　เมื่อไหร่
가게　　새롭다　　열다　　언제

➡ 새 가게는 언제 오픈해요?

2

리-얀　　파-싸- 타이　　므-아라이
เรียน　　ภาษาไทย　　เมื่อไหร่
공부하다　　태국어　　언제

➡ 태국어는 언제 공부해요?

3

쿤　　쯔ㅓ-　　프-안　　므-아라이
คุณ　　เจอ　　เพื่อน　　เมื่อไหร่
당신　　만나다　　친구　　언제

➡ 당신은 언제 친구를 만나요?

4

크러-ㅂ크루-아　　커-ㅇ　　쿤　　낀　　카우　　므-아라이
ครอบครัว　　ของ　　คุณ　　กิน　　ข้าว　　เมื่อไหร่
가족　　~의　　당신　　먹다　　밥　　언제

➡ 당신의 가족들은 밥을 언제 먹어요?

단어 ใหม่ 마이 새롭다, 다시 | เปิด 쁘ㅓ-ㅅ 열다 | เจอ 쯔ㅓ- 만나다 | ครอบครัว 크러-ㅂ크루-아 가족

패턴 040

"당신은 어디예요?"

ที่ไหน

티-나이

'어디', '어느 곳'이라는 뜻의 의문사로, 문장 맨 뒤에 위치하여 '장소'를 물을 때 씁니다.

**패턴**이랑 **친해지GO!**

🎧 040-1

기본 패턴 3번 따라하기 ☑☐☐

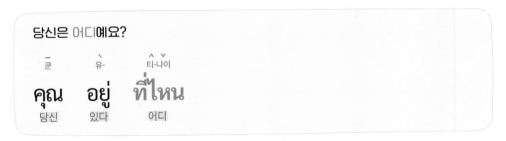

당신은 어디예요?

쿤	유-	티-나이
คุณ	**อยู่**	**ที่ไหน**
당신	있다	어디

외할머니 댁은 어디예요?

바-ㄴ	쿤야-이	유-	티-나이
บ้าน	**คุณยาย**	**อยู่**	**ที่ไหน**
집	외할머니	있다	어디

> **Tip** 'ของ 커-ㅇ'은 '~의'라는 의미의 소유격으로 '**บ้าน ของ คุณยาย** 바-ㄴ 커-ㅇ 쿤야-이 외할머니의 댁'이라는 표현이지만, 생략이 가능하여 '**บ้านคุณยาย** 바-ㄴ 쿤야-이 외할머니 댁'이라고 쓸 수 있습니다.

> **단어** **ที่ไหน** 티-나이 어디, 어느 곳 | **คุณยาย** 쿤야-이 외할머니

 다양하게 응용하GO!

느리게 듣기 040-2 빠르게 듣기 040-3

5번 따라하기 ☑○○○○

1
트ㅓ- / 탐응아-ㄴ / 티-나이
เธอ ทำงาน ที่ไหน
그녀 / 일하다 / 어디

➡ 그녀는 어디서 일해요?

2
허-ㅇ남싸-타-라나 / 유- / 티-나이
ห้องน้ำสาธารณะ อยู่ ที่ไหน
공중화장실 / 있다 / 어디

➡ 공중화장실은 어디에 있어요?

3
라-ㄴ아-하-ㄴ / 타이 / 유- / 티-나이
ร้านอาหาร ไทย อยู่ ที่ไหน
음식점 / 태국 / 있다 / 어디

➡ 태국 음식점은 어디에 있어요?

4
쏫쌉다 / 카오 / 리-얀 / 티-나이
สุดสัปดาห์ เขา เรียน ที่ไหน
주말 / 그 / 공부하다 / 어디

➡ 주말에 그는 어디서 공부해요?

단어 ห้องน้ำสาธารณะ 허-ㅇ남싸-타-라나 공중화장실 | ร้านอาหาร 라-ㄴ아-하-ㄴ 음식점, 식당 | สุดสัปดาห์ 쏫쌉다 주말

STEP1 기본 패턴 **109**

패턴 041

"집으로 어떻게 돌아가요?"

อย่างไร

야`ㅇ라이

'어떻게'라는 뜻의 의문사로, 문장 맨 뒤에 위치하여 '수단'이나 '방법'을 물을 때 씁니다.

🎧 041-1

패턴이랑 친해지GO!

기본 패턴 3번 따라하기 ☑◻◻

집으로 어떻게 돌아가요?

끌랍	반	야`ㅇ라이
กลับ	**บ้าน**	**อย่างไร**
돌아가다(오다)	집	어떻게

똠얌꿍은 어떻게 만들어요?

탐	똠얌꿍	야`ㅇ라이
ทำ	**ต้มยำกุ้ง**	**อย่างไร**
만들다	똠얌꿍	어떻게

Tip 의문사 '어떻게'를 나타내는 표현으로는 '**อย่างไร** 야`ㅇ라이', '**ยังไง** 양응아이' 두 가지가 있습니다.

또한, '**เป็นอย่างไร** 뻰 야`ㅇ라이'라는 표현을 사용하여 '어때?', '어때요?'의 의미를 나타냅니다.

단어 **อย่างไร** 야`ㅇ라이 어떻게

5번 따라하기 ☑️◻️◻️◻️◻️

1

로-o래-ㅁ 빠이 야-o라이
โรงแรม ไป อย่างไร
호텔 가다 어떻게

➡ 호텔에 어떻게 가요?

2

야 니 낀 야-o라이
ยา นี้ กิน อย่างไร
약 이 먹다 어떻게

➡ 이 약은 어떻게 먹어요?

3

팟롬 나 차이 야-o라이
พัดลม นี้ ใช้ อย่างไร
선풍기 이 사용하다 어떻게

➡ 이 선풍기는 어떻게 사용해요?

4

나-따-o 나 삣 야-o라이
หน้าต่าง นี้ ปิด อย่างไร
창문 이 닫다 어떻게

➡ 이 창문은 어떻게 닫아요?

단어 **ยา** 야 약 | **พัดลม** 팟롬 선풍기 | **หน้าต่าง** 나-따-o 창문 | **ปิด** 삣 닫다

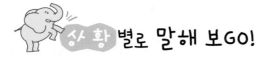

상황별로 말해 보GO!

▷ 패턴 037-041에서 배운 표현을 활용해 대답해 보세요.

🎧 041-4

그는 어디에 가나요?

เขา ไป ที่ไหน
카오　빠이　티-나이

그는 누구예요?

เขา เป็น ใคร
카오　뻰　크라이

그의 이름은 무엇이에요?

เขา ชื่อ อะไร
카오　츠-　아라이

그의 생김새는 어때요?

เขา หน้าตา เป็นอย่างไร
카오　나-따　뻰 야-ㅇ라이

단어 **หน้าตา** 나-따 (얼굴) 생김새, 외모

▷ 패턴 039-041에서 배운 표현을 활용해 대답해 보세요.　　🎧 041-5

저는 친구와 약속이 있어요.

ดิฉัน มี นัด กับ เพื่อน
디찬　미-　낫　깝　프-안

약속은 언제 있어요?

มี นัด เมื่อไหร่
미-　낫　므-아라이

친구는 어디서 만나요?

เจอ เพื่อน ที่ไหน
쯔ㅓ-　프-안　티-나이

그곳까지 어떻게 가나요?

ถึง ที่นั่น ได้ ไป อย่างไร
틍　티-나-ㄴ　다이　빠이　야-ㅇ아라이

단어　**นัด** 낫 약속, 집회 | **กับ** 깝 ~와(과) | **ที่นั่น** 티-나-ㄴ 그곳

STEP1 기본 패턴　**113**

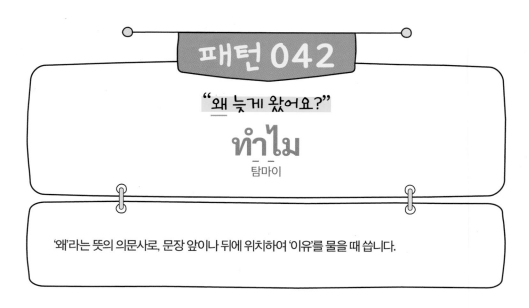

패턴 042

"왜 늦게 왔어요?"

ทำไม
탐마이

'왜'라는 뜻의 의문사로, 문장 앞이나 뒤에 위치하여 '이유'를 물을 때 씁니다.

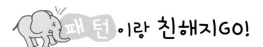

🎧 042-1

기본 패턴 3번 따라하기 ☑︎◯◯

왜 늦게 왔어요?

탐마이	마	싸~이
ทำไม	มา	สาย
왜	오다	늦다

왜 애인과 헤어졌어요?

탐마이	르ㅓ-ㄱ	깝	풰(f)-ㄴ
ทำไม	เลิก	กับ	แฟน
왜	끝나다	~와(과)	애인

단어 ▸ **ทำไม** 탐마이 왜 | **สาย** 싸~이 늦다 | **เลิก** 르ㅓ-ㄱ 끝나다, 끊다, 그만두다 | **แฟน** 풰(f)-ㄴ 애인, 연인

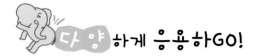

1

탐마이	프-안프-안	빠이	티-난
ทำไม	เพื่อนๆ	ไป	ที่นั่น
왜	친구들	가다	그곳

➡ 친구들은 왜 그곳에 가나요?

2

탐마이	쿤	리-얀	파-싸- 타이
ทำไม	คุณ	เรียน	ภาษาไทย
왜	당신	공부하다	태국어

➡ 당신은 왜 태국어를 공부하나요?

3

탐마이	마이	버-ㄱ	폼
ทำไม	ไม่	บอก	ผม
왜	~하지 않다	말하다	저

➡ 왜 저에게 말하지 않았어요?

4

탐마이	풰(f)-ㄴ	커-ㅇ	쿤	러-ㅇ하이
ทำไม	แฟน	ของ	คุณ	ร้องไห้
왜	애인	~의	당신	울다

➡ 당신의 애인은 왜 울어요?

Tip 'ๆ'은 해당 단어를 반복해서 발음한다는 뜻의 태국어의 문장부호로, 명사 혹은 형용사 뒤에서 각각 다르게 쓰입니다. 예를 들어 명사 'เด็ก 덱 어린이'는 'เด็กๆ 덱덱 어린이들'로 복수 형태가 되며, 형용사 'ดำ 담 어두운'은 'ดำๆ 담담 까뭇까뭇한'이란 뜻으로 의미가 강조됩니다.

단어 บอก 버-ㄱ 말하다 | ร้องไห้ 러-ㅇ하이 울다

"당신은 고양이를 좋아하나요, 혹은 강아지를 좋아하나요?"

A หรือ B
르-

'A인가요, 혹은 B인가요?'라는 뜻의 의문사로, 명사 혹은 구와 절을 연결하여 두 가지 중 하나의 '선택'에 대해 물을 때 씁니다.

🎧 043-1

 이랑 친해지GO!

기본 패턴 3번 따라하기 ☑◻◻

당신은 고양이를 좋아하나요, 혹은 강아지를 좋아하나요?

쿤	처-ㅂ	매우	르-	마
คุณ	**ชอบ**	**แมว**	**หรือ**	**หมา**
당신	좋아하다	고양이	혹은	강아지, 개

당신은 한국인인가요, 혹은 태국인인가요?

쿤	뻰	콘 까올리-	르-	콘 타이
คุณ	**เป็น**	**คนเกาหลี**	**หรือ**	**คนไทย**
당신	~이다	한국인	혹은	태국인

Tip 'หรือ 르-'가 문장 맨 뒤에 위치할 때는 '~(이)지요?', '~(인)가요?'의 의미를 나타냅니다.

단어 A หรือ 르- B A인가요, 혹은 B인가요?

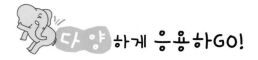

느리게 듣기 🎧 043-2　　빠르게 듣기 🎧 043-3

5번 따라하기 ☑️◯◯◯◯

1

쿤　　드-ㅁ　　까풰(f)-　　르-　　차

คุณ　ดื่ม　กาแฟ　หรือ　ชา

당신　마시다　커피　혹은　차

➡ 당신은 커피를 드시나요, 혹은 차를 드시나요?

2

카오　미-　피우　만　르-　피우　해-ㅇ

เขา　มี　ผิว　มัน　หรือ　ผิว　แห้ง

그　소유하다　피부　기름지다　혹은　피부　건조하다

➡ 그는 지성 피부인가요, 혹은 건성 피부인가요?

3

터-　싸이　까-ㅇ께-ㅇ　르-　끄라쁘로-ㅇ

เธอ　ใส่　กางเกง　หรือ　กระโปรง

그녀　입다　바지　혹은　치마

➡ 그녀는 바지를 입었나요, 혹은 치마를 입었나요?

4

카-ㅇ너-ㄱ　폰(f)　똑　르-　히마　똑

ข้างนอก　ฝน　ตก　หรือ　หิมะ　ตก

밖　비　내리다　혹은　눈　내리다

➡ 밖에 비가 오나요, 혹은 눈이 오나요?

단어　**ผิว** 피우 피부 | **มัน** 만 기름지다 | **แห้ง** 해-ㅇ 건조하다 | **กางเกง** 까-ㅇ께-ㅇ 바지 | **กระโปรง** 끄라쁘로-ㅇ 치마 | **ข้างนอก** 카-ㅇ너-ㄱ 밖 | **ฝน** 폰(f) 비(날씨) | **ตก** 똑 (눈·비가) 내리다, 떨어지다 | **หิมะ** 히마 눈(날씨)

패턴 044

"어느 것이 가장 예뻐요?"

อันไหน

안나이

'어느 것'이라는 뜻의 의문사로, 명사 자리에 위치하여 여러 가지 중 한 가지 대상에 대해 물을 때 씁니다.

 패턴이랑 친해지GO!

🎧 044-1

기본 패턴 3번 따라하기 ☑◻◻

어느 것이 가장 예뻐요?

안나이	쑤-아이	티-쑷
อันไหน	**สวย**	**ที่สุด**
어느 것	예쁘다	가장

어느 것을 더 좋아해요?

처-ㅂ	안나이	마-ㄱ꽈-
ชอบ	**อันไหน**	**มากกว่า**
좋아하다	어느 것	더 ~하다

> **Tip** '**อัน** 안'은 '가리키는 것이 명확하지 않은 사물이나 사실'을 나타내며, '~것'이라는 의미를 가지고 있어 '**อันนี้** 안나- 이것', '**อันนั้น** 안난 그것'이라고 표현합니다.

> **단어** **อันไหน** 안나이 어느 것

118 GO! 독학 태국어 패턴 100

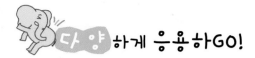
다양하게 응용하GO!

5번 따라하기 ☑▢▢▢▢

1
안나이　레우　티-쏫
อันไหน　เร็ว　ที่สุด
어느 것　빠르다　가장

➜ 어느 것이 가장 빨라요?

2
안나이　투-ㄱ　마-ㄱ꽈
อันไหน　ถูก　มากกว่า
어느 것　싸다　더 ~하다

➜ 어느 것이 더 싸요?

3
나이　니-　짜　쓰-　안나이
ใน　นี้　จะ　ซื้อ　อันไหน
~중에　이　~할 것이다　사다　어느 것

➜ 이 중에서 어느 것을 살 거예요?

4
아오　안나이　뻰　커-ㅇ콴　완끄ㅓ-ㅅ
เอา　อันไหน　เป็น　ของขวัญ　วันเกิด
원하다　어느 것　~로　선물　생일

➜ 생일 선물로 어느 것을 원해요?

단어　**เร็ว** 레우 빠르다, 빨리 | **ถูก** 투-ㄱ (가격이) 싸다, 저렴하다 | **เอา** 아오 원하다, 가지다 | **ของขวัญ** 커-ㅇ콴
선물 | **วันเกิด** 완끄ㅓ-ㅅ 생일

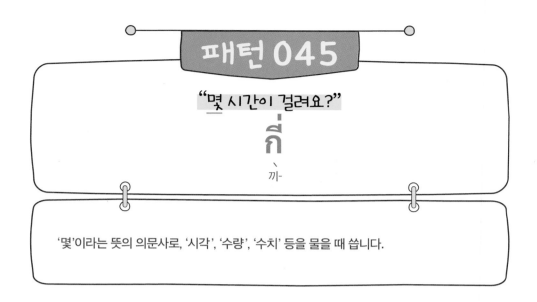

"몇 시간이 걸려요?"

กี่-
끼-

'몇'이라는 뜻의 의문사로, '시각', '수량', '수치' 등을 물을 때 씁니다.

045-1

패턴이랑 친해지GO!

기본 패턴 3번 따라하기 ☑☐☐

몇 시간이 걸려요?

차이	웨-ㄹ라	끼-	추-아모-ㅇ
ใช้	**เวลา**	**กี่-**	**ชั่วโมง**
사용하다	시간	몇	(걸리는) 시간

당신은 개를 몇 마리 길러요?

쿤	리-양	마-	끼-	뚜-아
คุณ	**เลี้ยง**	**หมา**	**กี่-**	**ตัว**
당신	기르다	개, 강아지	몇	마리

> **Tip** 'กี่- 끼-' 앞에 부정사를 사용한 'ไม่กี่ 마이 끼-'는 '얼마라고 할 정도가 아니다'라는 뜻입니다. 예를 들어 'ไม่กี่วัน 마이 끼-완'은 '얼마 되지 않았다', '며칠 되지 않았다'라는 의미입니다.

> **단어** กี่- 끼- 몇 | ชั่วโมง 추-아모-ㅇ (걸리는) 시간 | เลี้ยง 리-양 기르다, 돌보다, 양육하다 | ตัว 뚜-아 마리, 벌, 개 (동물 · 옷 · 가구 등의 유별사) | วัน 완 일, 날(날짜)

5번 따라하기 ✓◯◯◯◯

1

카오　유-　　므-양타이　　까-　완
เขา　อยู่　เมืองไทย　กี่　วัน
그　있다　　太国　　몇　일

➡ 그는 태국에 며칠 머무나요?

2

커-토-ㅅ　　따-ㄴ니-　까-　모-ㅇ
ขอโทษ　ตอนนี้　กี่　โมง
실례합니다　지금　몇　시

➡ 실례합니다. 지금 몇 시인가요?

3

티-팍　　난　　짜　　팍　　까-　콘
ที่พัก　นั้น　จะ　พัก　กี่　คน
숙소　　그　~할 것이다　숙박하다　몇　명, 사람

➡ 그 숙소에는 몇 명이 숙박하나요?

4

쓰-아　　니-　　롯　　까-　　쁘ㅓ-쎈
เสื้อ　นี้　ลด　กี่　เปอร์เซ็นต์
옷　이　깎다, 내리다　몇　퍼센트

➡ 이 옷은 몇 퍼센트 할인인가요?

단어　**เมืองไทย** 므-양타이 태국 | **ขอโทษ** 커-토-ㅅ 실례합니다, 죄송합니다 | **โมง** 모-ㅇ 시(시간) | **ที่พัก**
티- 팍 숙소 | **นั้น** 난 그(어떠한 특정한 것을 지칭함) | **พัก** 팍 숙박하다 | **เสื้อ** 쓰-아 옷 | **เปอร์เซ็นต์**
쁘ㅓ-쎈 퍼센트

"가격이 얼마예요?"

เท่าไร
타오라이

'얼마', '얼마나', '몇'이라는 뜻의 의문사로, '가격', '소요 시간', '순서', '날짜', '나이' 등을 물을 때 씁니다.

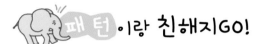

패턴이랑 **친해지GO!**

🎧 046-1

기본 패턴 3번 따라하기 ☑☐☐

가격이 얼마예요?

라카   타오라이

ราคา   **เท่าไร**

가격   얼마, 몇

시간이 얼마나 걸리나요?

차이   웨-ㄹ라-   타오라이

ใช้   **เวลา**   **เท่าไร**

사용하다   시간   얼마, 몇

Tip '얼마'라는 뜻의 의문사로 '**เท่าไร** 타오라이'와 '**เท่าไหร่** 타오라이' 둘 다 쓸 수 있습니다.

단어 **เท่าไร** 타오라이 얼마(나), 몇

5번 따라하기 ✓☐☐☐☐

1

완니-　　완티-　　타^오라이

วันนี้　วันที่　เท่าไร

오늘　　　일　　　얼마, 몇

➡ 오늘은 며칠이에요?

2

러-　　나-ㄴ　　타^오라이

รอ　นาน　เท่าไร

기다리다　오래　　얼마, 몇

➡ 얼마나 오래 기다려야 하나요?

3

빠-니-　쿤　　아-유　　타^오라이

ปีนี้　คุณ　อายุ　เท่าไร

올해　당신　나이　　얼마, 몇

➡ 올해 당신은 몇 살이에요?

4

폰라마이　니-　　탕못　　타^오라이

ผลไม้　นี้　ทั้งหมด　เท่าไร

과일　　이　전부, 모두　　얼마, 몇

➡ 이 과일들은 전부 얼마예요?

단어 **รอ** 러- 기다리다 | **นาน** 나-ㄴ 오래 | **ปีนี้** 빠-니- 올해 | **อายุ** 아-유 나이, 수명 | **ทั้งหมด** 탕못 전부, 모두

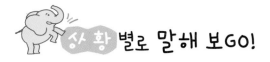

▷ 패턴 042-043에서 배운 표현을 활용해 대답해 보세요.　　🎧 046-4

저는 태국에 갈 거예요.

ผม จะ ไป ประเทศไทย

폼　짜　빠이　　쁘라테-ㅅ 타이

왜 태국에 가나요?

ทำไม ไป ประเทศไทย

탐마이　빠이　　쁘라테-ㅅ 타이

당신은 일하러 가나요, 혹은 여행 가나요?

คุณ จะ ไป ทำงาน หรือ ไปเที่ยว

쿤　짜　빠이　탐응아ㄴ　르-　빠이티-야우

당신은 방콕을 좋아하나요, 혹은 치앙마이를 좋아하나요?

คุณ ชอบ กรุงเทพ หรือ เชียงใหม่

쿤　처-ㅂ　끄룽테-ㅂ　르-　치-양마이

패턴 042-046에서 배운 내용을 암기 영상을 통해 복습해 보세요!

▷ 패턴 044-046에서 배운 표현을 활용해 대답해 보세요.

046-5

저는 신발을 사고 싶어요.

ดิฉัน อยาก ซื้อ รองเท้า

디찬 야-ㄱ 쓰- 러-ㅇ타오

어느 것을 살 거예요?

จะ ซื้อ คู่ไหน

짜 쓰- 쿠-나이

총 몇 켤레를 살 거예요?

จะ ซื้อ ทั้งหมด กี่ คู่

짜 쓰- 탕못 끼- 쿠-

그 상점의 운동화는 얼마예요?

รองเท้า ใน ร้าน นั้น ราคา เท่าไร

러-ㅇ타오 나이 라-ㄴ 난 라-카- 타오라이

단어 คู่ 쿠- 켤레, 짝, 쌍(짝을 이루는 것의 유별사)

패턴 047

"당신은 결혼을 했나요, 아직인가요?"

แล้วหรือยัง

래-우 르- 양

'~했나요, 아직인가요?'라는 의미로, 문장 끝에 위치하여 '완료 여부'를 물을 때 씁니다.

047-1

기본 패턴 3번 따라하기 ☑☐☐

패턴이랑 친해지GO!

당신은 **결혼**했나요, 아직인가요?

쿤	때-ㅇ응아-ㄴ	래-우 르- 양
คุณ	**แต่งงาน**	**แล้วหรือยัง**
당신	결혼하다	~했나요, 아직인가요?

당신은 **애인**이 **있**나요, 아직인가요?

쿤	미-	풰(f)-ㄴ	래-우 르- 양
คุณ	**มี**	**แฟน**	**แล้วหรือยัง**
당신	있다	애인	~했나요, 아직인가요?

Tip ▶ 완료 여부를 묻는 의문문에 대해 대답할 때는 완료 상태일 경우 문장 뒤에 '**แล้ว** 래-우'를, 완료되지 않은 상태의 경우 동사 앞에 '**ยังไม่** 양 마이'를 씁니다.

단어 ▶ **แล้วหรือยัง** 래-우 르- 양 ~했나요, 아직인가요? | **แต่งงาน** 때-ㅇ응아-ㄴ 결혼하다

1

쁘래-ㅇ퐌(f) 래-우 르- 양
แปรงฟัน แล้วหรือยัง
양치하다   ~했나요, 아직인가요?

➡ 양치했나요, 아직인가요?

2

덱   낀   카-우   래-우 르- 양
เด็ก กิน ข้าว แล้วหรือยัง
아이   먹다   밥   ~했나요, 아직인가요?

➡ 아이는 밥을 먹었나요, 아직인가요?

3

마-틍   싸타-ㄴ티-   낫   래-우 르- 양
มาถึง สถานที่ นัด แล้วหรือยัง
도착하다   장소   약속   ~했나요, 아직인가요?

➡ 약속 장소에 도착했나요, 아직인가요?

4

쿤퍼-   르ㅓ-ㄱ   부리-   래-우 르- 양
คุณพ่อ เลิก บุหรี่ แล้วหรือยัง
아버지   끊다, 그만두다   담배   ~했나요, 아직인가요?

➡ 아버지는 담배를 끊었나요, 아직인가요?

단어 **แปรงฟัน** 쁘래-ㅇ퐌(f) 양치하다 | **มาถึง** 마-틍 도착하다 | **สถานที่** 싸타-ㄴ티- 장소 | **บุหรี่** 부리- 담배

패턴 048

"당신은 플러이를 <u>아나요, 모르나요?</u>"

หรือเปล่า

르-쁠라오

'~(인)가요, 아닌가요?'라는 의미로, 문장 끝에 위치하여 '해당 여부'를 물을 때 씁니다.

 패턴 이랑 친해지GO!

🎧 048-1

기본 패턴 3번 따라하기 ☑◯◯

당신은 플러이를 아나요, 모르나요?

쿤	루-짝	플러-이	르- 쁠라오
คุณ	**รู้จัก**	**พลอย**	**หรือเปล่า**
당신	알다	플러이	~(인)가요, 아닌가요?

당신은 장미를 좋아하나요, 아닌가요?

쿤	처-ㅂ	더-ㄱ꾸라-ㅂ	르- 쁠라오
คุณ	**ชอบ**	**ดอกกุหลาบ**	**หรือเปล่า**
당신	좋아하다	장미	~(인)가요, 아닌가요?

Tip 'หรือเปล่า 르- 쁠라오' 질문에 대해 부정의 대답을 할 때는 'เปล่าครับ 쁠라오크랍' 또는 'เปล่าค่ะ 쁠라오카'를 사용합니다.

단어 หรือเปล่า 르- 쁠라오 ~(인)가요, 아닌가요? | รู้จัก 루-짝 알다 | ดอกกุหลาบ 더-ㄱ꾸라-ㅂ 장미

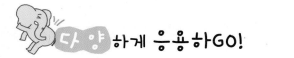

5번 따라하기 ✅☐☐☐☐

1

폼	탐핏	아라이	르-쁠라오
ผม	**ทำผิด**	**อะไร**	**หรือเปล่า**
저	실수하다	무엇	~(인)가요, 아닌가요?

➡ 제가 무엇을 실수했나요, 아닌가요?

2

카오	미-	르-앙	아라이	르-쁠라오
เขา	**มี**	**เรื่อง**	**อะไร**	**หรือเปล่า**
그	있다	일, 사정	무엇	~(인)가요, 아닌가요?

➡ 그에게 무슨 일이 있나요, 아닌가요?

3

크어-이	낀	카우카무-	르-쁠라오
เคย	**กิน**	**ข้าวขาหมู**	**หรือเปล่า**
~(해 본) 적 있다	먹다	카우카무	~(인)가요, 아닌가요?

➡ 카우카무를 먹어 본 적이 있나요, 없나요?

4

카-우르-	난	뺀	찡	르-쁠라오
ข่าวลือ	**นั้น**	**เป็น**	**จริง**	**หรือเปล่า**
소문	그	~이다	진실이다	~(인)가요, 아닌가요?

➡ 그 소문은 진실인가요, 아닌가요?

단어 **ทำผิด** 탐핏 실수하다, 잘못하다 | **เรื่อง** 르-앙 일, 사정 | **ข้าวขาหมู** 카-우카무- 카우카무(태국식 족발 덮밥) | **ข่าวลือ** 카-우르- 소문 | **จริง** 찡 진실이다, 진짜이다

"요즘 어떤가요?"

เป็นอย่างไร

뻰야-ㅇ라이

'~은(는) 어떤가요?'라는 의미로, 문장 끝에 위치하여 '안부'를 묻거나 해당 명사에 대한 '느낌', '현황' 등을 물을 때 씁니다.

🎧 049-1

기본 패턴 3번 따라하기 ☑◻◻

요즘 어떤가요?

추-앙니-
ช่วงนี้
요즘

뻰야-ㅇ라이
เป็นอย่างไร
~은(는) 어떤가요?

일은 어떤가요?

응아-ㄴ
งาน
일

뻰야-ㅇ라이
เป็นอย่างไร
~은(는) 어떤가요?

Tip '~은(는) ~어떤가요?'라는 뜻의 의문사로 **เป็นอย่างไร** 뻰야-ㅇ라이'와 **เป็นยังไง** 뻰양응아이' 둘 다 쓸 수 있습니다.

단어 **เป็นอย่างไร** 뻰야-ㅇ라이 ~은(는) 어떤가요? | **ช่วงนี้** 추-앙니- 요즘, 이맘때

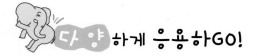

5번 따라하기 ☑☐☐☐☐

1

쓰아 ^ / 티- 싸이 ^ / 완니- / 뻰야-ㅇ라이

เสื้อ ที่ ใส่ วันนี้ เป็นอย่างไร

옷 ~인 입다 오늘 ~은(는) 어떤가요?

➡ 오늘 입은 옷은 어떤가요?

2

아-팃나 ^ / 아-까ㅅ / 뻰야-ㅇ라이

อาทิตย์หน้า อากาศ เป็นอย่างไร

다음 주 날씨 ~은(는) 어떤가요?

➡ 다음 주 날씨는 어떤가요?

3

남프릭어-ㅇ / 니- / 롯차ㅅ / 뻰야-ㅇ라이

น้ำพริกอ่อง นี้ รสชาติ เป็นอย่างไร

남프릭엉 이 맛 ~은(는) 어떤가요?

➡ 이 남프릭엉의 맛은 어떤가요?

4

빠까띠 / 니싸이 / 커-ㅇ / 카오 / 뻰야-ㅇ라이

ปกติ นิสัย ของ เขา เป็นอย่างไร

평소에 성격 ~의 그 ~은(는) 어떤가요?

➡ 평소에 그의 성격은 어떤가요?

단어 **อาทิตย์หน้า** 아-팃나 다음 주 | **น้ำพริกอ่อง** 남프릭어-ㅇ 남프릭엉(태국 북부 지역의 전통 소스) |
รสชาติ 롯차ㅅ 맛 | **ปกติ** 빠까띠 평소에 | **นิสัย** 니싸이 성격

패턴 050

"숙제하는 데 얼마나 걸리나요?"

ใช้เวลาเท่าไร

차이 웨-ㄹ라- 타오라이

'얼마나 걸리나요?'라는 의미로, 문장 끝에 위치하여 '소요 시간'을 물을 때 씁니다.

패턴이랑 친해지GO!

🎧 050-1

기본 패턴 3번 따라하기 ☑◯◯

숙제하는 데 얼마나 걸리나요?

탐	까-ㄴ바-ㄴ	차이 웨-ㄹ라- 타오라이
ทำ	**การบ้าน**	**ใช้เวลาเท่าไร**
~하다	숙제	얼마나 걸리나요?

학교에서 집까지 얼마나 걸리나요?

짜-ㄱ	로-ㅇ리-얀	틍	바-ㄴ	차이 웨-ㄹ라- 타오라이
จาก	**โรงเรียน**	**ถึง**	**บ้าน**	**ใช้เวลาเท่าไร**
~에서	학교	~까지	집	얼마나 걸리나요?

Tip 'จาก 짜-ㄱ A ถึง 틍 B'는 'A부터 B까지'라는 의미로 시간이나 지점의 범위를 나타냅니다.

단어 ใช้เวลาเท่าไร 차이 웨-ㄹ라- 타오라이 얼마나 걸리나요?

1

마-틍 마ㅌㅅㅇ / 티-니- / 차이 웨-ㄹ라- 타오라이

มาถึง ที่นี่ ใช้เวลาเท่าไร

도착하다   이곳   얼마나 걸리나요?

➡ 여기까지 오는 데 얼마나 걸리나요?

2

아-ㄴ / 낭쓰- / 니- / 차이 웨-ㄹ라- 타오라이

อ่าน หนังสือ นี้ ใช้เวลาเท่าไร

읽다   책   이   얼마나 걸리나요?

➡ 이 책을 읽는 데 얼마나 걸리나요?

3

써-ㅁ / 토-라쌉 / 차이 웨-ㄹ라- 타오라이

ซ่อม โทรศัพท์ ใช้เวลาเท่าไร

고치다, 수리하다   휴대전화   얼마나 걸리나요?

➡ 휴대전화를 고치는 데 얼마나 걸리나요?

4

드ㅓ-ㄴ / 빠이 / 틍 / 바-ㄴ / 차이 웨-ㄹ라- 타오라이

เดิน ไป ถึง บ้าน ใช้เวลาเท่าไร

걷다   가다   ~까지   집   얼마나 걸리나요?

➡ 집까지 걸어가는 데 얼마나 걸리나요?

패턴 051

"도와줄 수 있나요?"

ได้ไหม

다이 마이

'~할 수 있나요?', '~해도 되나요?'라는 의미로, 문장 끝에 위치하여 '허락·허가 여부'를 물을 때 씁니다.

🎧 051-1

기본 패턴 3번 따라하기 ☑☐☐

도와줄 수 있나요?

추-아이	다이 마이
ช่วย	**ได้ไหม**
돕다	~할 수 있나요?

제가 가도 되나요?

폼	빠이	다이 마이
ผม	**ไป**	**ได้ไหม**
저	가다	~할 수 있나요?

> **Tip** 가능 여부에 대해 물을 때 가능할 경우 문장 뒤에 'ได้ 다이'를, 가능하지 않을 경우 문장 뒤에 'ไม่ได้ 마이 다이'를 사용하여 대답할 수 있습니다.

> **단어** ได้ไหม 다이 마이 ~할 수 있나요?, ~해도 되나요? | ช่วย 추-아이 돕다, 보조하다

134 GO! 독학 태국어 패턴 100

 하게 응용하GO!

느리게 듣기 🎧 051-2   빠르게 듣기 🎧 051-3

5번 따라하기 ☑◯◯◯◯

1

커-토-ㅅ | 쩌-ㅅ | 티-니- | 다이 마이
ขอโทษ | จอด | ที่นี่ | ได้ไหม
실례합니다 | 주차하다 | 이곳 | ~할 수 있나요?

➡ 실례지만, 이곳에 주차해도 되나요?

2

티-니- | 차이 | 쁘린뜨ㅓ- | 다이 마이
ที่นี่ | ใช้ | ปริ๊นเตอร์ | ได้ไหม
이곳 | 사용하다 | 프린터 | ~할 수 있나요?

➡ 여기서 프린터를 사용할 수 있나요?

3

퐈(f)-ㄱ | 커-ㅇ | 싹크루- | 다이 마이
ฝาก | ของ | สักครู่ | ได้ไหม
맡기다 | 물건 | 잠시만 | ~할 수 있나요?

➡ 잠시만 짐을 맡아줄 수 있나요?

4

커-토-ㅅ | 쩌ㅓ- | 완 | 으-ㄴ | 다이 마이
ขอโทษ | เจอ | วัน | อื่น | ได้ไหม
죄송합니다 | 만나다 | 날 | 다른 | ~할 수 있나요?

➡ 죄송하지만, 다른 날 만날 수 있나요?

단어 **จอด** 쩌-ㅅ 주차하다, 대다 | **ปริ๊นเตอร์** 쁘린뜨ㅓ- 프린터 | **สักครู่** 싹크루- 잠시, 잠깐 | **ฝาก** 퐈(f)-ㄱ 맡기다, 위탁하다 | **อื่น** 으-ㄴ 다른

STEP1 기본 패턴   **135**

패턴 052

"번역하면 무엇인가요?"

ว่าอะไร

와- 아라이

'~은(는) 무엇인가요?'라는 의미로, 문장 끝에 위치하여 단어나 문장의 의미 등을 물을 때 씁니다.

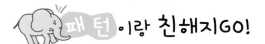

랑 친해지GO!

🎧 052-1

기본 패턴 3번 따라하기 ✓◻◻

번역하면 무엇인가요?

쁠래-   와- 아라이

แปล   ว่าอะไร

번역하다   ~은(는) 무엇인가요?

의미는 무엇인가요?

마-이콰-ㅁ   와- 아라이

หมายความ   ว่าอะไร

의미하다   ~은(는) 무엇인가요?

Tip   '~은(는) 무엇인가요?'라는 뜻의 의문사로 '**ว่าอะไร** 와-아라이'와 '**ว่าไง** 와-응아이' 둘 다 쓸 수 있습니다.

단어   **ว่าอะไร** 와- 아라이 ~은(는) 무엇인가요? | **แปล** 쁠래- 번역하다, 해석하다 | **หมายความ** 마-이콰-ㅁ 의미하다, 뜻하다

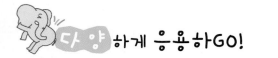

느리게 듣기 **052-2**   빠르게 듣기 **052-3**

5번 따라하기 ☑○○○○

1

크루-크랍   빠-이   니-́   키-얀   와̂-̀아라이

ครูครับ ป้าย นี้ เขียน ว่าอะไร

선생님   표지판   이   쓰다   ~은(는) 무엇인가요?

➡ 선생님, 이 표지판은 무엇이라고 적혀있나요?

2

츠̂-레-ㄴ   카̌-ㅇ   쿤-   쁠래-   와̂-̀아라이

ชื่อเล่น ของ คุณ แปล ว่าอะไร

별명   ~의   당신   번역하다   ~은(는) 무엇인가요?

➡ 당신의 별명은 무엇인가요?

3

퐈(f)이   티̂-   쿤-   하̌   츠̂-   와̂-̀아라이

ไฟล์ ที่ คุณ หา ชื่อ ว่าอะไร

파일   ~인   당신   찾다   이름   ~은(는) 무엇인가요?

➡ 당신이 찾는 파일의 이름은 무엇인가요?

4

캄쌉   니-́   뻰   파-싸̌-타이   와̂-̀아라이

คำศัพท์ นี้ เป็น ภาษาไทย ว่าอะไร

단어   이   ~이다   태국어   ~은(는) 무엇인가요?

➡ 이 단어는 태국어로 무엇인가요?

단어 **ครู** 크루- 선생님 | **ครับ** 크랍 남성 어조사 | **ค่ะ** 카̂ 여성 어조사 | **ป้าย** 빠̂-이 표지판 | **ชื่อเล่น** 츠̂-레-ㄴ
별명 | **ไฟล์** 퐈(f)이 파일 | **หา** 하̌ 찾다 | **คำศัพท์** 캄쌉 단어

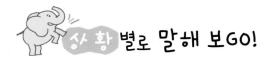

상황별로 말해 보GO!

▷ 패턴 047-049에서 배운 표현을 활용해 대답해 보세요.

🎧 052-4

저는 카우카무가 먹고 싶어요.

ผม อยาก กิน ข้าวขาหมู

폼 야-ㄱ 낀 카우카무-

당신은 밥을 먹었나요, 아직인가요?

คุณ กิน ข้าว แล้วหรือยัง

쿤 낀 카우 래-우 르- 양

당신은 카우카무를 먹어 본 적 있나요, 없나요?

คุณ เคย กิน ข้าวขาหมู หรือเปล่า

쿤 크ㅓ-이 낀 카우카무- 르- 쁠라오

카우카무는 맛이 어떤가요?

ข้าวขาหมู รสชาติ เป็นอย่างไร

카우카무- 롯차-ㅅ 뻰야-ㅇ라이

▷ 패턴 050-052에서 배운 표현을 활용해 대답해 보세요.

🎧 052-5

저는 숙제를 하는 중이에요.

ดิฉัน ทำ การบ้าน อยู่
디찬   탐   까ㄴ바ㄴ   유-

오늘 숙제를 끝낼 수 있나요?

วันนี้ ทำ การบ้าน เสร็จ ได้ไหม
완니-   탐   까ㄴ바ㄴ   쎄-ㅅ   다이 마이

'깐반(숙제)'은 한국어로 무엇인가요?

การบ้าน เป็น ภาษาเกาหลี ว่าอะไร
까ㄴ바ㄴ   뻰   파-싸-까올리-   와- 아라이

숙제하는 데 얼마나 걸리나요?

ทำ การบ้าน ใช้เวลาเท่าไร
탐   까ㄴ바ㄴ   차이 웨-ㄹ라- 타오라이

Step2
필수 패턴

학습 포인트	Step2에서는 태국어의 기본 문형 외에 문장을 구성하고 있는 보조성분을 이해하여 실생활에 필수적인 태국어를 구사할 수 있어요.
학습 순서	▷ ▷

본책   속도별 MP3 음원   패턴 암기 영상   쓰기 노트 PDF

내 실력 확인하GO!

☑ 다음 제시된 문장 중 태국어로 얼마나 말할 수 있는지 체크해 보고,
　 모르는 표현은 주의 깊게 들어 보세요.

		말할 수 있다	말할 수 없다
①	서두를 필요 없어요.	☐	☐
②	거짓말을 해서는 안 돼요.	☐	☐
③	영화를 보고 싶어요.	☐	☐
④	내일은 비가 올지도 몰라요.	☐	☐
⑤	울지 마.	☐	☐
⑥	서명해 주십시오.	☐	☐
⑦	저는 가끔 당신이 보고 싶어요.	☐	☐
⑧	친구는 항상 TV를 봐요.	☐	☐
⑨	물건을 보낼 때 주소를 꼭 알아야 해요.	☐	☐
⑩	몇 시부터 열어요?	☐	☐

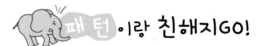

패턴 053

"학생은 공부를 해야 해요."

ต้อง

떠-ㅇ

'반드시', '~해야 한다'라는 의미의 조동사로, 동사 앞에 위치하여 '의무', '필요', '당연'과 같은 '강제성'을 나타냅니다.

🎧 053-2

패턴이랑 친해지GO!

필수 패턴 3번 따라하기 ✔☐☐

학생은 공부를 해야 해요.

낙리-얀	떠-ㅇ	리-얀
นักเรียน	**ต้อง**	**เรียน**
학생	~해야 한다	공부하다

직원은 일을 해야 해요.

파낙응아-ㄴ	떠-ㅇ	탐응아-ㄴ
พนักงาน	**ต้อง**	**ทำงาน**
직원	~해야 한다	일하다

단어 ต้อง 떠-ㅇ 반드시, ~해야 한다

5번 따라하기 ☑☐☐☐☐

1

쿤　　떠-ˆ　　추-아이　　폼
คุณ　ต้อง　ช่วย　ผม
당신　~해야 한다　돕다　저

➡ 당신은 저를 도와주셔야 해요.

2

로-ㄱ　떠-ˆ　리-ㅂ　락싸
โรค　ต้อง　รีบ　รักษา
병　~해야 한다　빨리　치료하다

➡ 병은 빨리 치료해야 해요.

3

폼　떠-ˆ　리-양　크러-ㅂ크루-아
ผม　ต้อง　เลี้ยง　ครอบครัว
저　~해야 한다　돌보다　가족

➡ 저는 가족을 부양해야 해요.

4

떠-ˆ　타-ˋ　러-ㅇ타오　나이　허-ˆ
ต้อง　ถอด　รองเท้า　ใน　ห้อง
~해야 한다　벗다　신발　~에(서)　방

➡ 방에서는 신발을 벗어야 해요.

단어 **รีบ** 리-ㅂ 빨리, 서두르다 | **รักษา** 락싸 치료하다 | **ถอด** 타-ˋ 벗다

패턴 054

"서두를 필요 없어요."

ไม่ต้อง
마이 떠-ㅇ

'~할 필요 없다'라는 의미의 조동사로, 동사 앞에 위치하여 '권유의 부정'을 나타냅니다.

 패턴이랑 친해지GO!

🎧 054-1

필수 패턴 3번 따라하기 ☑☐☐

서두를 필요 없어요.

마이 떠-ㅇ   리-ㅂ

ไม่ต้อง   รีบ
~할 필요 없다 서두르다

너무 많이 생각할 필요 없어요.

마이 떠-ㅇ   킷   마-ㄱ

ไม่ต้อง   คิด   มาก
~할 필요 없다 생각하다 많이

Tip 조동사 'ต้อง 떠-ㅇ'의 부정 표현이기 때문에 '~하지 말아야 한다'라는 의미로 생각할 수 있지만, '~할 필요 없다'라는 뜻입니다.

단어 ไม่ต้อง 마이 떠-ㅇ ~할 필요 없다

5번 따라하기 ☑️☐☐☐☐

1

마이 떠-ㅇ / 터-ㄴ

ไม่ต้อง ทอน
~할 필요 없다   거슬러 주다

➡ (돈을) 거슬러 줄 필요 없어요.

2

마이 떠-ㅇ / 마- / 틍 / 티-니-

ไม่ต้อง มา ถึง ที่นี่
~할 필요 없다   오다   ~까지   이곳

➡ 여기까지 올 필요 없어요.

3

마이 떠-ㅇ / 후-앙 / 루-ㄱ / 커-ㅇ / 폼

ไม่ต้อง ห่วง ลูก ของ ผม
~할 필요 없다   걱정하다   자식, 자녀   ~의   저

➡ 우리 아이는 걱정할 필요 없어요.

4

마이 떠-ㅇ / 푸-ㅅ / 르-앙 / 난

ไม่ต้อง พูด เรื่อง นั้น
~할 필요 없다   말하다   일   그

➡ 그 일은 말할 필요 없어요.

 ห่วง 후-앙 걱정하다 | เรื่อง 르-앙 일, 사건, 이야기

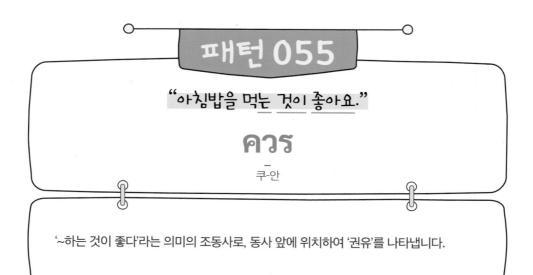

패턴 055

"아침밥을 먹는 것이 좋아요."

ควร

쿠-안

'~하는 것이 좋다'라는 의미의 조동사로, 동사 앞에 위치하여 '권유'를 나타냅니다.

🎧 055-1

필수 패턴 3번 따라하기 ☑◯◯

아침밥을 먹는 것이 좋아요.

쿠-안	낀	아-하-ㄴ	차오
ควร	**กิน**	**อาหาร**	**เช้า**
~하는 것이 좋다	먹다	음식	아침

단정하게 옷을 입는 것이 좋아요.

쿠-안	때-ㅇ뚜-아	하이	리-얍러-이
ควร	**แต่งตัว**	**ให้**	**เรียบร้อย**
~하는 것이 좋다	옷을 입다	~하게	단정하다

단어 **ควร** 쿠-안 ~하는 것이 좋다 | **เช้า** 차오 아침 | **แต่งตัว** 때-ㅇ뚜-아 옷을 입다 | **ให้** 하이 ~하게, (~에게) 주다 | **เรียบร้อย** 리-얍러-이 단정하다, 깔끔하다

1

쿠-안	싸이	쓰-아	캐-ㄴ	야-우
ควร	ใส่	เสื้อ	แขน	ยาว
~하는 것이 좋다	입다	옷	소매	길다

➡ 긴 소매 옷을 입는 것이 좋아요.

2

쿠-안	어-ㄱ깜랑까-이	떠-ㄴ	옌
ควร	ออกกำลังกาย	ตอน	เย็น
~하는 것이 좋다	운동하다	~때	저녁

➡ 저녁에 운동하는 것이 좋아요.

3

쓰-아	니-	쿠-안	싹파-	두-아이	므-
เสื้อ	นี้	ควร	ซักผ้า	ด้วย	มือ
옷	이	~하는 것이 좋다	빨래하다	~(으)로	손

➡ 이 옷은 손으로 빨래하는 것이 좋아요.

4

라오	니-	쿠-안	껩	나이	뚜-옌
เหล้า	นี้	ควร	เก็บ	ใน	ตู้เย็น
술	이	~하는 것이 좋다	보관하다	~에	냉장고

➡ 이 술은 냉장고에 보관하는 것이 좋아요.

단어 **แขน** 캐-ㄴ 소매 | **ยาว** 야-우 길다 | **ตอน** 떠-ㄴ ~때 | **เย็น** 옌 저녁 | **ซักผ้า** 싹파- 빨래하다 | **ด้วย** 두-아이 ~(으)로, ~도, 또한 | **มือ** 므- 손 | **เก็บ** 껩 보관하다, 수집하다, 모으다 | **ตู้เย็น** 뚜-옌 냉장고

패턴 056

"도로에 쓰레기를 버려서는 안 돼요."

ไม่ควร

마이 쿠-안

'~해서는 안 된다'라는 의미의 조동사로, 동사 앞에 위치하여 '강한 부정'을 나타냅니다.

 **패턴**이랑 친해지GO!

056-1

필수 패턴 3번 따라하기 ☑☐☐

도로에 쓰레기를 버려서는 안 돼요.

마이 쿠-안	팅	카야	본	타논
ไม่ควร	**ทิ้ง**	**ขยะ**	**บน**	**ถนน**
~해서는 안 된다	버리다	쓰레기	위에	도로

교실에서 자서는 안 돼요.

마이 쿠-안	랍	나이	허-ㅇ리-얀
ไม่ควร	**หลับ**	**ใน**	**ห้องเรียน**
~해서는 안 된다	자다	~에(서)	교실

Tip · 조동사 '**ควร** 쿠-안'의 부정 표현이기 때문에 '~할 필요 없다'라는 의미로 생각할 수 있지만 '~해서는 안 된다'라는 뜻입니다.

단어 · **ไม่ควร** 마이 쿠-안 ~해서는 안 된다 | **ทิ้ง** 팅 버리다 | **ขยะ** 카야 쓰레기 | **บน** 본 위에 | **ถนน** 타논 도로, 길 | **หลับ** 랍 자다

5번 따라하기 ☑️⬜⬜⬜⬜

1

^마이 쿠-안　^푸-ㅅ꼬-혹

ไม่ควร　พูดโกหก

~해서는 안 된다　거짓말하다

➡️ 거짓말을 해서는 안 돼요.

2

^마이 쿠-안　카오　티-　싸나-ㅁ먀

ไม่ควร　เข้า　ที่　สนามหญ้า

~해서는 안 된다　들어가다　~에(서)　잔디밭

➡️ 잔디밭에 들어가서는 안 돼요.

3

^마이 쿠-안　키-얀레-ㄴ　티-싸-타-라나

ไม่ควร　เขียนเล่น　ที่สาธารณะ

~해서는 안 된다　낙서하다　공공장소

➡️ 공공장소에 낙서해서는 안 돼요.

4

티-　왓　^마이 쿠-안　싸이　까-ㅇ께-ㅇ　카-싼

ที่　วัด　ไม่ควร　ใส่　กางเกง　ขาสั้น

~에(서)　사원　~해서는 안 된다　입다　바지　짧은 바짓단

➡️ 사원에서는 짧은 바지를 입어서는 안 돼요.

단어　**เข้า** 카오 들어가다 | **สนามหญ้า** 싸나-ㅁ먀 잔디밭 | **เขียนเล่น** 키-얀레-ㄴ 낙서하다 | **ที่สาธารณะ** 티-싸-타-라나 공공장소 | **วัด** 왓 사원 | **ขาสั้น** 카-싼 짧은 바짓단

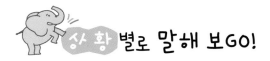

상황별로 말해 보GO!

▷ 패턴 053-054에서 배운 표현을 활용해 대답해 보세요.

오늘 저는 몸이 좋지 않아요.

วันนี้ ผม ไม่ สบาย
완니- 폼 마이 싸바-이

당신은 병원에 가야 해요.

คุณ ต้อง ไป โรงพยาบาล
쿤 떠-ㅇ 빠이 로-ㅇ파야-바-ㄴ

당신은 쉬어야 해요.

คุณ ต้อง พักผ่อน
쿤 떠-ㅇ 팍퍼-ㄴ

당신 만약 아프면 오지 않아도 돼요.

ถ้า คุณ ไม่สบาย ไม่ต้อง มา ก็ได้
타- 쿤 마이 싸바-이 마이 떠-ㅇ 마- 꺼다이

단어 **โรงพยาบาล** 로-ㅇ파야-바-ㄴ 병원

패턴 053-056에서 배운 내용을
암기 영상을 통해 복습해 보세요!

▷ 패턴 055-056에서 배운 표현을 활용해 대답해 보세요.

🎧 056-5

저는 사원에 갈 거예요.

ฉัน จะ ไป วัด
찬 짜 빠이 왓

차를 타고 가는 것이 좋아요.

ควร นั่ง รถ ไป
쿠-안 낭 롯 빠이

짧은 바지를 입어서는 안 돼요.

ไม่ควร ใส่ กางเกง ขาสั้น
마이 쿠-안 싸이 까-ㅇ께-ㅇ 카-싼

슬리퍼(샌들)를 신어서는 안 돼요.

ไม่ควร ใส่ รองเท้าแตะ
마이 쿠-안 싸이 러-ㅇ타오때

단어 **รองเท้าแตะ** 러-ㅇ타오때 슬리퍼, 샌들

"영화를 보고 싶어요."

อยาก
야 ‾ ㄱ

'~하고 싶다'라는 의미의 조동사로, 동사 앞에 위치하여 '희망', '소망', '바람'을 나타냅니다.

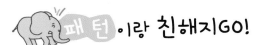

🎧 057-1

필수 패턴 3번 따라하기 ☑◻◻

영화를 보고 싶어요.

야‾ㄱ	두‾	낭ˇ
อยาก	**ดู**	**หนัง**
~하고 싶다	보다	영화

태국에 놀러 가고 싶어요.

야‾ㄱ	빠이티-야우	쁘라테-ㅅ 타이
อยาก	**ไปเที่ยว**	**ประเทศไทย**
~하고 싶다	놀러 가다	태국

Tip '**อยาก**'의 의미를 조금 더 강조하는 '**ต้องการ** 떠-ㅇ까-ㄴ'은 명사나 동사와 함께 사용하여 '~을(를) 원하다', '~이 필요하다'라는 의미를 나타냅니다. '**ต้องการ**'은 '**อยาก**'보다 격식을 갖추어 사용하는 표현이므로 구어체에서는 '**อยาก**'을 더 많이 사용합니다.

단어 **อยาก** 야‾ㄱ ~하고 싶다

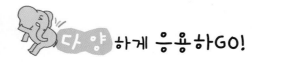

5번 따라하기 ☑◯◯◯◯

1

옌　　니́-　　야-ㄱ　　낀　　아-하́-ㄴ 타이

เย็น　นี้　อยาก　กิน　อาหารไทย

저녁　이번(오늘)　~하고 싶다　먹다　태국 음식

➡ 오늘 저녁은 태국 음식을 먹고 싶어요.

2

야-ㄱ　　폽́　　카오　　야́-ㅇ리-ㅂ두́-안

อยาก　พบ　เขา　อย่างรีบด่วน

~하고 싶다　만나다　그　하루빨리

➡ 하루빨리 그를 만나고 싶어요.

3

야-ㄱ　　루́-　　폰́　　써́-ㅂ　　크랑니́

อยาก　รู้　ผล　สอบ　ครั้งนี้

~하고 싶다　알다　결과　시험　이번

➡ 이번 시험의 결과를 알고 싶어요.

4

야-ㄱ　　폽́　　카오　　이-ㄱ　　크랑́　　능̀

อยาก　พบ　เขา　อีก　ครั้ง　หนึ่ง

원하다　만나다　그　더　~번　하나

➡ 그를 다시 한 번 만나고 싶어요.

단어　**อย่างรีบด่วน** 야́-ㅇ리-ㅂ두́-안 하루빨리 ┃ **พบ** 폽́ 만나다 ┃ **ผล** 폰́ 결과, 성과 ┃ **ครั้งนี้** 크랑니́ 이번 ┃
ครั้ง 크랑́ ~번, 차례 ┃ **หนึ่ง** 능̀ 하나, 일(1)

패턴 058

"부모님께서 화를 내실 것 같아요."

คงจะ

콩짜

'틀림없이', '~할 것 같다'라는 의미의 조동사로, 동사 앞에 위치하여 '강한 추측'을 나타 냅니다.

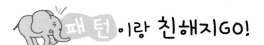

🎧 058-1

필수 패턴 3번 따라하기 ☑☐☐

부모님께서 화를 내실 것 같아요.

พ่อแม่	คงจะ	โกรธ
퍼-매-	콩짜	끄로-ㅅ
부모님	~할 것 같다	화를 내다

그는 외국인일 것 같아요.

เขา	คงจะ	เป็น	คนต่างชาติ
카오	콩짜	뻰	콘 따-ㅇ차-ㅅ
그	~할 것 같다	~이다	외국인

단어 **คงจะ** 콩짜 틀림없이, ~할 것 같다 | **พ่อแม่** 퍼-매- 부모님 | **โกรธ** 끄로-ㅅ 화를 내다 | **คนต่างชาติ** 콘 따-ㅇ차-ㅅ 외국인

1

프-안 / 콩짜 / 후-앙

เพื่อน   คงจะ   ห่วง

친구   ~할 것 같다   걱정하다

➡️ 친구가 걱정할 것 같아요.

2

융 / 완니- / 콩짜 / 빠이 / 마이 다이

ยุ่ง   วันนี้   คงจะ   ไป   ไม่ได้

바쁘다   오늘   ~할 것 같다   가다   ~할 수 없다

➡️ 오늘은 바빠서 못 갈 것 같아요.

3

카오 / 깝 / 트ー- / 콩짜 / 때-ㅇ응아-ㄴ

เขา   กับ   เธอ   คงจะ   แต่งงาน

그   ~와(과)   그녀   ~할 것 같다   결혼하다

➡️ 그와 그녀는 결혼할 것 같아요.

4

나이 / 완와이크루- / 크루- / 콩짜 / 디-짜이

ใน   วันไหว้ครู   ครู   คงจะ   ดีใจ

~에, 때   스승의 날   선생님   ~할 것 같다   기쁘다

➡️ 스승의 날에 선생님께서 기뻐하실 것 같아요.

단어 ▸ ใน 나이 ~에, 때 ┃ วันไหว้ครู 완와이크루- 스승의 날

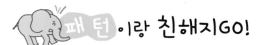

패턴 059

"가게가 문을 닫았을지도 몰라요."

อาจจะ

아`ㅅ짜

'~할지도 모른다', '~인지 아닌지 모른다'라는 의미의 조동사로, 동사 앞에 위치하여 '약한 추측'을 나타냅니다.

🎧 059-1

🐘 패턴이랑 친해지GO!

필수 패턴 3번 따라하기 ☑︎☐☐

가게가 문을 닫았을지도 몰라요.

라´ㄴ	아`ㅅ짜	삗`	래´-우
ร้าน	**อาจจะ**	**ปิด**	**แล้ว**
가게	~할지도 모른다	닫다	~했다

이 근처에 화장실이 있을지도 몰라요.

태-우	나´	아`ㅅ짜	미-	허^-남´
แถว	**นี้**	**อาจจะ**	**มี**	**ห้องน้ำ**
근처	이	~할지도 모른다	있다	화장실

단어 **อาจจะ** 아`ㅅ짜 ~할지도 모른다, ~인지 아닌지 모른다

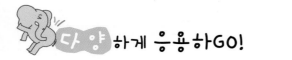

1

프뤙니	폰(f)	아-ㅅ짜	똑
พรุ่งนี้	**ฝน**	**อาจจะ**	**ตก**
내일	비	~할지도 모른다	내리다

➡ 내일은 비가 올지도 몰라요.

2

카오	아-ㅅ짜	마-	차-
เขา	**อาจจะ**	**มา**	**ช้า**
그	~할지도 모른다	오다	늦다

➡ 그는 늦게 올지도 몰라요.

3

롯퐈(f)이	아-ㅅ짜	레우	꽈-	롯매-
รถไฟ	**อาจจะ**	**เร็ว**	**กว่า**	**รถเมล์**
기차	~할지도 모른다	빠르다	~보다	버스

➡ 기차가 버스보다 더 빠를지도 몰라요.

4

쓰-아	커-ㅇ	덱	아-ㅅ짜	쏙까쁘록
เสื้อ	**ของ**	**เด็ก**	**อาจจะ**	**สกปรก**
옷	~의	아이	~할지도 모른다	더럽다

➡ 아이의 옷이 더러워질지도 몰라요.

단어 **พรุ่งนี้** 프룽니- 내일 | **ช้า** 차- 늦다, 느리다 | **สกปรก** 쏙까쁘록 더럽다

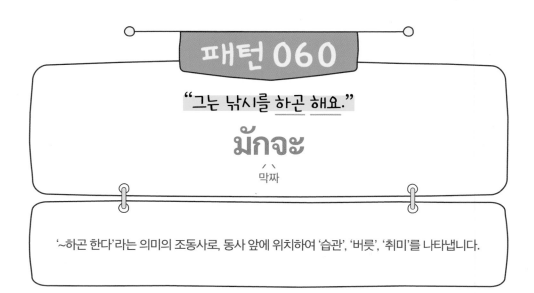

패턴 060

"그는 낚시를 하곤 해요."

มักจะ

막짜

'~하곤 한다'라는 의미의 조동사로, 동사 앞에 위치하여 '습관', '버릇', '취미'를 나타냅니다.

🎧 060-1

필수 패턴 3번 따라하기 ☑☐☐

그는 낚시를 하곤 해요.

카오	막짜	똑쁠라-
เขา	**มักจะ**	**ตกปลา**
그	~하곤 한다	낚시하다

저는 스키를 타곤 해요.

디찬	막짜	레-ㄴ	싸끼-
ดิฉัน	**มักจะ**	**เล่น**	**สกี**
저	~하곤 한다	(운동을) 하다	스키

단어 ▸ **มักจะ** 막짜 ~하곤 한다 | **ตกปลา** 똑쁠라- 낚시하다 | **สกี** 싸끼- 스키

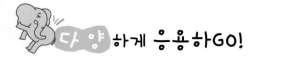

1

프-안 / 막짜 / 레-ㄴ / 께-ㅁ

เพื่อน **มักจะ** **เล่น** **เกม**

친구   ~하곤 한다   놀다, 하다   게임

➡ 친구는 게임을 하곤 해요.

2

트+- / 막짜 / 드+-ㄴ레-ㄴ / 깝 / 마-

เธอ **มักจะ** **เดินเล่น** **กับ** **หมา**

그녀   ~하곤 한다   산책하다   ~와(과)   강아지

➡ 그녀는 강아지와 산책을 하곤 해요.

3

폼 / 막짜 / 빠이 / 딸라-ㅅ / 깝 / 매-

ผม **มักจะ** **ไป** **ตลาด** **กับ** **แม่**

저   ~하곤 한다   가다   시장   ~와(과)   엄마

➡ 저는 엄마와 시장에 가곤 해요.

4

쑷쌉다- / 퍼- / 막짜 / 띠- / 꺼-ㅂ

สุดสัปดาห์ **พ่อ** **มักจะ** **ตี** **กอล์ฟ**

주말   아빠   ~하곤 한다   치다   골프

➡ 아빠는 주말에 골프를 치시곤 해요.

단어 **เดินเล่น** 드+-ㄴ레-ㄴ 산책하다

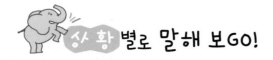

상황별로 말해 보GO!

▷ 패턴 057-058에서 배운 표현을 활용해 대답해 보세요.

🎧 060-4

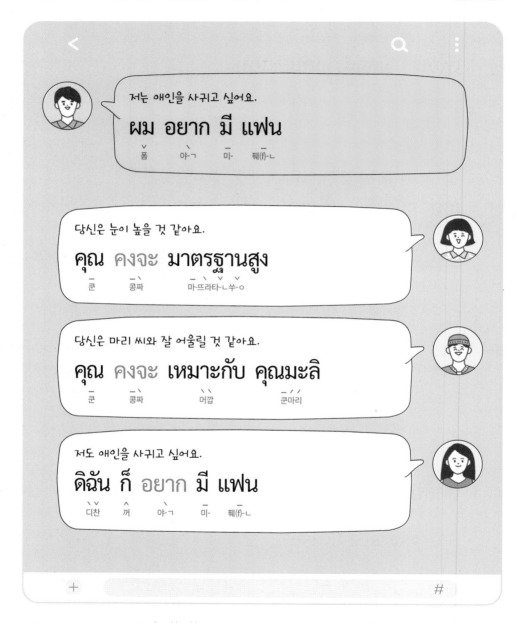

저는 애인을 사귀고 싶어요.

ผม อยาก มี แฟน

폼 · 야-ㄱ · 미- · 풰(f)-ㄴ

당신은 눈이 높을 것 같아요.

คุณ คงจะ มาตรฐานสูง

쿤 · 콩짜 · 마-뜨라타-ㄴ쑤-ㅇ

당신은 마리 씨와 잘 어울릴 것 같아요.

คุณ คงจะ เหมาะกับ คุณมะลิ

쿤 · 콩짜 · 머깝 · 쿤마리

저도 애인을 사귀고 싶어요.

ดิฉัน ก็ อยาก มี แฟน

디찬 · 꺼 · 야-ㄱ · 미- · 풰(f)-ㄴ

 มาตรฐานสูง 마-뜨라타-ㄴ쑤-ㅇ 눈이 높다, 수준이 높다 | **เหมาะกับ** 머깝 ~와(과) 잘 어울리다

▷ 패턴 059-060에서 배운 표현을 활용해 대답해 보세요.

🎧 060-5

요즘 저는 소화가 잘 안 되곤 해요.

ช่วงนี้ ฉัน มักจะ อาหาร ไม่ ย่อย

추-앙니- 찬 막짜 아-하-ㄴ 마이 여-이

당신은 과식했을지도 몰라요.

คุณ อาจจะ กิน มากเกินไป

쿤 아-ㅅ짜 낀 마-ㄱ끄ㅓ-ㄴ빠이

당신은 스트레스 받았을지도 몰라요.

คุณ อาจจะ เครียด

쿤 아-ㅅ짜 크리-얏

당신의 식습관이 좋지 않을지도 몰라요.

นิสัยการกิน ของ คุณ อาจจะ ไม่ค่อย ดี

니싸이까-ㄴ낀 커-ㅇ 쿤 아-ㅅ짜 마이 커-이 디-

단어 **ย่อย** 여-이 소화하다 | **มากเกินไป** 마-ㄱ끄ㅓ-ㄴ빠이 지나치게 많다 | **เครียด** 크리-얏 스트레스 |
นิสัยการกิน 니싸이까-ㄴ 낀 식습관

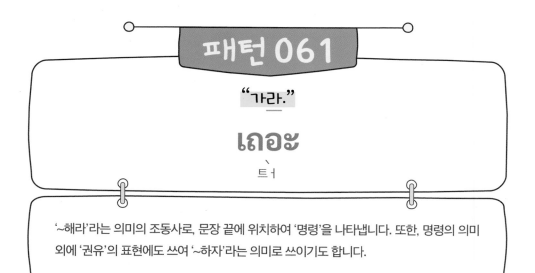

패턴 061

"가라."

เถอะ

트ㅓ

'~해라'라는 의미의 조동사로, 문장 끝에 위치하여 '명령'을 나타냅니다. 또한, 명령의 의미 외에 '권유'의 표현에도 쓰여 '~하자'라는 의미로 쓰이기도 합니다.

🐘 **패턴이랑 친해지GO!**

🎧 061-1

필수 패턴 3번 따라하기 ☑☐☐

가라.

빠이   트ㅓ

ไป   เถอะ

가다   ~해라

조용히 해라.

응아·얍   트ㅓ

เงียบ   เถอะ

조용하다   ~해라

Tip 명령을 나타내는 조동사로, 구어체에서는 '**เถอะ** 트ㅓ', 문어체에서는 '**เถิด** 트ㅓㅅ'을 주로 씁니다.

단어 **เถอะ** 트ㅓ ~해라 | **เงียบ** 응아·얍 조용하다, 고요하다

 하게 응용하GO!

5번 따라하기 ☑️⬜⬜⬜⬜

1
빠이 / 처-ㅂ삥 / 깐 / 트ㅓ
ไป ช็อปปิง กัน เถอะ
가다 / 쇼핑하다 / 같이 / ~하자

➡️ 같이 쇼핑하러 가자.

2
아라이 꺼다이 / 따-ㅁ짜이 / 트ㅓ
อะไรก็ได้ ตามใจ เถอะ
무엇이든 좋다 / 마음대로 하다 / ~해라

➡️ 무엇이든 좋아. 마음대로 해.

3
나-짜 / 싸-이 / 리-ㅂ / 마- / 트ㅓ
น่าจะ สาย รีบ มา เถอะ
아마 / 늦다 / 서두르다 / 오다 / ~해라

➡️ 늦을 것 같으니 서둘러 와라.

4
리-약 / 택씨- / 빠이 / 싸야-ㅁ / 트ㅓ
เรียก แท็กซี่ ไป สยาม เถอะ
부르다 / 택시 / 가다 / 싸얌 / ~해라

➡️ 싸얌 가는 택시를 불러라.

단어 **ช็อปปิง** 처-ㅂ삥 쇼핑하다 | **อะไรก็ได้** 아라이 꺼다이 무엇이든 좋다 | **ตามใจ** 따-ㅁ짜이 마음대로 하다 |
น่าจะ 나-짜 아마 | **เรียก** 리-약 부르다, 소리치다 | **แท็กซี่** 택씨- 택시 | **สยาม** 싸야-ㅁ 싸얌(태국 방콕의
중심부에 있는 쇼핑지구)

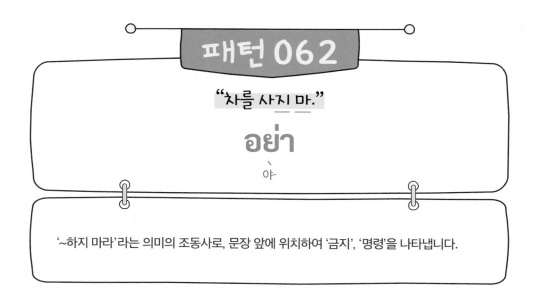

패턴 062

"차를 사지 마."

อย่า
야-

'~하지 마라'라는 의미의 조동사로, 문장 앞에 위치하여 '금지', '명령'을 나타냅니다.

🎧 062-1

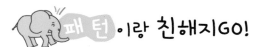 이랑 친해지GO!

필수 패턴 3번 따라하기 ☑☐☐

차를 사지 마.

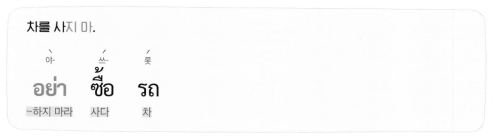

야-	쓰-	롯
อย่า	**ซื้อ**	**รถ**
~하지 마라	사다	차

놀러 가지 마.

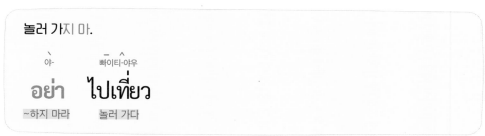

야-	빠이티-야우
อย่า	**ไปเที่ยว**
~하지 마라	놀러 가다

> **Tip** 조동사를 활용하여 '금지', '명령'을 나타낼 때, 구어체에서는 '**อย่า** 야-'로 '~하지 마라'라는 의미를, 문어체에서는 '**ห้าม** 하-ㅁ'으로 '~금지'라는 의미를 나타냅니다.

> **단어** **อย่า** 야- ~하지 마라

5번 따라하기 ☑☐☐☐☐

1

야 ` / 야 ^ 풍 / 터 ˇ -짜이

อย่า   อย่าเพิ่ง   ท้อใจ

~하지 마라   아직   실망하다

➜ 아직 실망하지 마.

2

야 ` / 닌타 ¯ / 콘 / 으-ㄴ ˇ

อย่า   นินทา   คน   อื่น

~하지 마라   험담하다   사람   다른

➜ 다른 사람을 험담하지 마.

3

야 ` / 르-ㅁ ¯ / 프룽니 ^ / 미- ¯ / 낫 ´

อย่า   ลืม   พรุ่งนี้   มี   นัด

~하지 마라   잊다   내일   있다   약속

➜ 내일 약속 있는 것 잊지 마.

4

야 ` / 러 ´ -ㅇ하이 ^ / 깝 ´ / 르 ^ -앙 / 배-ㅂ니 ` ¯

อย่า   ร้องไห้   กับ   เรื่อง   แบบนี้

~하지 마라   울다   ~(으)로   일   이러한

➜ 이런 일로 울지 마.

단어 **อย่าเพิ่ง** 야 ^ 풍 아직 | **ท้อใจ** 터 ˇ -짜이 실망하다 | **นินทา** 닌타 ¯ 험담하다 | **ลืม** 르-ㅁ ¯ 잊다, 망각하다 |
แบบนี้ 배-ㅂ니 ` 이러한

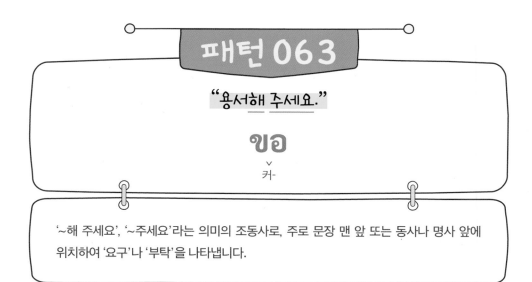

"용서해 주세요."

ขอ
ㆍ
커-

'~해 주세요', '~주세요'라는 의미의 조동사로, 주로 문장 맨 앞 또는 동사나 명사 앞에 위치하여 '요구'나 '부탁'을 나타냅니다.

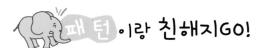

패턴이랑 친해지GO!

🎧 063-1

필수 패턴 3번 따라하기 ☑□□

용서해 주세요.

ㆍ   `
커-   아파이

ขอ   อภัย
~(해) 주세요   용서, 양해

좀 보여 주세요.

ㆍ   –   `
커-   두-   너-이

ขอ   ดู   หน่อย
~(해) 주세요   보다   조금

Tip   'ขอ 커- … หน่อย 너-이'를 함께 사용하여 '~좀 해 주세요', '~좀 주세요'라는 의미를 나타냅니다.

단어   **ขอ** 커- ~해 주세요, ~주세요 | **อภัย** 아파이 용서, 양해 | **หน่อย** 너-이 조금, 좀

다양하게 응용하GO!

5번 따라하기 ☑☐☐☐☐

1

커- | 토-ㅅ | 티- | 마- | 싸-이
ขอ | โทษ | ที่ | มา | สาย
~(해) 주세요 | 죄, 형벌 | ~해서(원인) | 오다 | 늦게

➡ 늦어서 죄송합니다(용서해 주세요).

2

커- | 토-ㅅ | 커- | 타-ㅇ | 너-이
ขอ | โทษ | ขอ | ทาง | หน่อย
~(해) 주세요 | 죄, 형벌 | ~(해) 주세요 | 길 | 조금

➡ 죄송합니다. 길 좀 비켜 주세요.

3

커- | 메-누- | 파-싸- 까올리- | 너-이
ขอ | เมนู | ภาษาเกาหลี | หน่อย
~(해) 주세요 | 메뉴(판) | 한국어 | 조금

➡ 한국어 메뉴판 좀 주세요.

4

피-카 | 커- | 남캥 | 너-이
พี่คะ | ขอ | น้ำแข็ง | หน่อย
저기요 | ~(해) 주세요 | 얼음 | 조금

➡ 저기요, 얼음 좀 주세요.

Tip 태국에서는 종업원을 부를 때 'พี่ 피-'라는 단어를 사용하여 **พี่ครับ/คะ** 피-크랍/카라고 부릅니다.
또한, **ขอโทษนะครับ/คะ** 커-토-ㅅ나크랍/카라는 표현을 사용하기도 합니다.

단어 **โทษ** 토-ㅅ 죄, 형벌 | **ทาง** 타-ㅇ 길 | **เมนู** 메-누- 메뉴(판) | **น้ำแข็ง** 남캥 얼음

"싸얌으로 가 주십시오."

กรุณา
꺼루나-

'~해 주십시오'라는 의미의 조동사로, 문장 앞에 위치하여 '공손한 부탁'을 나타냅니다.

🎧 064-1

패턴이랑 친해지GO!

필수 패턴 3번 따라하기 ☑○○

싸얌으로 가 주십시오.

꺼루나-	빠이	싸야-ㅁ
กรุณา	**ไป**	**สยาม**
~해 주십시오	가다	싸얌

잠시 기다려 주십시오.

꺼루나-	러-	싹크루-
กรุณา	**รอ**	**สักครู่**
~해 주십시오	기다리다	잠시

Tip 'กรุณา 꺼루나-'는 '요구'나 '부탁'을 나타내는 조동사 'ขอ 커-'보다 조금 더 공손한 표현입니다.

단어 กรุณา 꺼루나- ~해 주십시오

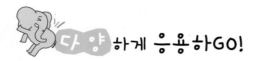

1

까루나   푸-ㅅ   차-차

กรุณา   พูด   ช้าๆ
~해 주십시오 말하다 천천히

➡ 천천히 말씀해 주십시오.

2

까루나   쎈츠-   뜨롱니-

กรุณา   เซ็นชื่อ   ตรงนี้
~해 주십시오 서명하다 여기

➡ 여기에 서명해 주십시오.

3

까루나   터-ㅅ   무-악   나이   허-ㅇ

กรุณา   ถอด   หมวก   ใน   ห้อง
~해 주십시오 벗다 모자 ~(안)에서 방

➡ 방에서는 모자를 벗어주십시오.

4

까루나   쩌-ㅅ   롯   티-나-   싸타-니-

กรุณา   จอด   รถ   ที่หน้า   สถานี
~해 주십시오 대다, 주차하다 차 앞에서 역

➡ 역 앞에서 차를 세워주십시오.

단어 ▸ **ช้าๆ** 차-차 천천히, 느리게 | **เซ็นชื่อ** 쎈츠- 서명하다 | **ตรงนี้** 뜨롱니- 여기 | **หมวก** 무-악 모자

패턴 065

"행운이 있길 바랍니다."

ขอให้

ˇ ^
커-하이

'부디', '~하길 바랍니다'라는 의미의 조동사로, 문장 앞에 위치하여 '희망', '기원'을 나타 냅니다.

🎧 065-1

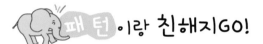 **이랑 친해지GO!**

필수 패턴 3번 따라하기 ☑◻◻

행운이 있길 바랍니다.

ˇ ^   ^ ‾
커-하이   초-ㄱ디-

ขอให้   โชคดี

~하길 바랍니다   행운

행복하길 바랍니다.

ˇ ^   ‾ ‾ ‾ `
커-하이   미-콰-ㅁ쑥

ขอให้   มีความสุข

~하길 바랍니다   행복하다

단어 **ขอให้** ˇ커-하이^ 부디, ~하길 바랍니다 | **โชคดี** 초-^ㄱ디-‾ 행운, 좋은 운세 | **มีความสุข** 미-‾콰-‾ㅁ쑥` 행복하다

 하게 응용하GO!

5번 따라하기 ✓⭕⭕⭕⭕

1
커-하이   쁘라쏩   콰-ㅁ쌈렛
ขอให้   ประสบ   ความสำเร็จ
~하길 바랍니다   획득하다   성공, 완성

➡ 성공하시길 바랍니다.

2
커-하이   아-유   으(y)-ㄴ   나-ㄴ
ขอให้   อายุ   ยืน   นาน
~하길 바랍니다   수명, 나이   길다   오래다

➡ 만수무강하시길 바랍니다.

3
커-하이   더-ㄴ타-ㅇ   도-이   싸왓디-파-ㅂ
ขอให้   เดินทาง   โดย   สวัสดิภาพ
~하길 바랍니다   여행하다   ~하게   안전, 안녕

➡ 안전한 여행하시길 바랍니다.

4
커-하이   두-래-   쑤카파-ㅂ   나이   추-앙쁠리-얀르두-
ขอให้   ดูแล   สุขภาพ   ใน   ช่วงเปลี่ยนฤดู
~하길 바랍니다   돌보다   건강   ~에, 때   환절기

➡ 환절기 건강 유의하시길 바랍니다.

단어 **ประสบ** 쁘라쏩 획득하다 | **ความสำเร็จ** 콰-ㅁ쌈렛 성공, 완성 | **ยืน** 으(y)-ㄴ 길다 | **เดินทาง** 더-ㄴ타-ㅇ 여행하다 | **โดย** 도-이 ~하게 | **สวัสดิภาพ** 싸왓디-파-ㅂ 안전, 안녕 | **ดูแล** 두-래- 돌보다 | **สุขภาพ** 쑤카파-ㅂ 건강 | **ช่วงเปลี่ยนฤดู** 추-앙쁠리-얀르두- 환절기

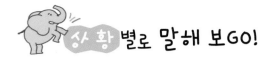

상황별로 말해 보GO!

▷ 패턴 061-062에서 배운 표현을 활용해 대답해 보세요.

내일은 중요한 시험이 있어.

พรุ่งนี้ มี สอบ สำคัญ

프룽니- 미- 써-ㅂ 쌈칸

어서 공부해.

รีบ เรียน เถอะ

리-ㅂ 리-얀 트ㅓ

오늘은 놀러 가지 마.

วันนี้ อย่า ไปเที่ยว

완니- 야- 빠이티-야우

절대로 게임하지 마.

อย่า เล่น เกม เป็นอันขาด

야- 레-ㄴ 께-ㅁ 뻰안카-ㅅ

단어 **สำคัญ** 쌈칸 중요하다 | **เป็นอันขาด** 뻰안카-ㅅ 절대로

172 GO! 독학 태국어 패턴 100

▷ 패턴 063~065에서 배운 표현을 활용해 대답해 보세요.

🎧 065-5

아속으로 가 주십시오.

กรุณา ไป อโศก

까루나　빠이　아쏘-ㄱ

지도를 좀 보여 주세요.

ขอ ดู แผนที่ หน่อย

커-　두-　패-ㄴ티-　너-이

우선 벨트를 매 주십시오.

ก่อนอื่น กรุณา คาด เข็มขัด

꺼-ㄴ으-ㄴ　까루나　카-ㅅ　켐캇

안전한 여행하시길 바랍니다.

ขอให้ เดินทาง โดย สวัสดิภาพ

커-하이　드ㅓ-ㄴ타-ㅇ　도-이　싸왓디-파-ㅂ

단어) **อโศก** 아쏘-ㄱ 아속(태국 방콕의 중심지) | **แผนที่** 패-ㄴ티- 지도 | **ก่อนอื่น** 꺼-ㄴ으-ㄴ 우선, 먼저 |
คาด 카-ㅅ (벨트를) 매다 | **เข็มขัด** 켐캇 벨트

패턴 066

"저는 이따금 바다에 가요."

นานๆ ที
나ㄴ나ㄴ티-

'이따금(씩)', '때때로', '어쩌다 한 번'이라는 의미의 빈도부사로, 문장 맨 앞이나 끝에 위치하여 아주 드문 빈도를 나타냅니다.

🎧 066-1

필수 패턴 3번 따라하기 ☑☐☐

저는 이따금 바다에 가요.

폼	빠이	탈레-	나ㄴ나ㄴ티-
ผม	**ไป**	**ทะเล**	**นานๆ ที**
저	가다	바다	이따금

저는 이따금 수영을 해요.

디찬	와-이남	나ㄴ나ㄴ티-
ดิฉัน	**ว่ายน้ำ**	**นานๆ ที**
저	수영하다	이따금

단어 **นานๆ ที** 나ㄴ나ㄴ티- 이따금(씩), 때때로 | **ทะเล** 탈레- 바다

174 GO! 독학 태국어 패턴 100

느리게 듣기 🎧 066-2   빠르게 듣기 🎧 066-3

5번 따라하기 ☑⬜⬜⬜⬜

1

폼 ˇ | 쩹 ˇ | 에-우 ⁻ | 나-ㄴ나-ㄴ티- ⁻ ⁻ ⁻ ⁻ ⁻

ผม | เจ็บ | เอว | นานๆ ที
저 | 아프다 | 허리 | 이따금

➡ 저는 때때로 허리가 아파요.

2

터- ⁻ | 마 ˇ | 싸-이 ⁻ ˇ | 나-ㄴ나-ㄴ티- ⁻ ⁻ ⁻ ⁻ ⁻

เธอ | มา | สาย | นานๆ ที
그녀 | 오다 | 늦다 | 이따금

➡ 그녀는 어쩌다 한 번씩 지각해요.

3

폼 ˇ | 빠이 ⁻ | 처-ㅂ삥 ˇ ⁻ | 깝 ˋ | 풰(f)-ㄴ ´ | 나-ㄴ나-ㄴ티- ⁻ ⁻ ⁻ ⁻ ⁻

ผม | ไป | ชอปปิง | กับ | แฟน | นานๆ ที
저 | 가다 | 쇼핑하다 | ~와(과) | 애인 | 이따금

➡ 저는 때때로 애인과 쇼핑하러 가요.

4

카오 ˇ | 야-ㄱ ˋ | 낀 ⁻ | 아-하-ㄴ 까올리- ⁻ ˇ ⁻ ⁻ | 나-ㄴ나-ㄴ티- ⁻ ⁻ ⁻ ⁻ ⁻

เขา | อยาก | กิน | อาหารเกาหลี | นานๆ ที
그 | ~하고 싶다 | 먹다 | 한국 음식 | 이따금

➡ 그는 이따금 한식을 먹고 싶어 해요.

단어 ► **เจ็บ** 쩹 아프다 | **เอว** 에-우 허리

패턴 067

"아빠는 가끔 늦잠을 주무세요."

บางครั้ง

바-ㅇ크랑

'가끔', '간간이'라는 의미의 빈도부사로, 문장 맨 앞이나 끝에 위치하여 비교적 드문 빈도를 나타냅니다.

 이랑 친해지GO!

🎧 067-1

필수 패턴 3번 따라하기 ☑☐☐

아빠는 가끔 늦잠을 주무세요.

퍼-	뜨-ㄴ	싸-이	바-ㅇ크랑
พ่อ	**ตื่น**	**สาย**	**บางครั้ง**
아빠	일어나다	늦다	가끔

엄마는 가끔 사진을 찍으세요.

매-	타-이	루-ㅂ	바-ㅇ크랑
แม่	**ถ่าย**	**รูป**	**บางครั้ง**
엄마	찍다	사진	가끔

Tip 'บางครั้ง 바-ㅇ크랑' 외에 '가끔', '간간이'라는 의미로 '**บางที** 바-ㅇ티-', '**บางคราว** 바-ㅇ크라-우'를 쓰기도 합니다.

단어 **บางครั้ง** 바-ㅇ크랑 가끔, 간간이 | **ถ่าย** 타-이 (사진을) 찍다, 복사하다 | **รูป** 루-ㅂ 사진, 그림

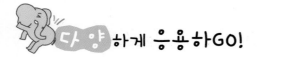
5번 따라하기 ☑○○○○

1

폼　　 킷틍　　 쿤　　 바ㅇ크랑

ผม　คิดถึง　คุณ　บางครั้ง

저　　보고 싶다　　당신　　가끔

➡ 저는 가끔 당신이 보고 싶어요.

2

디찬　　 탈러　　 깝　　 너ㅇ　　 바ㅇ크랑

ดิฉัน　ทะเลาะ　กับ　น้อง　บางครั้ง

저　　싸우다　　~와(과)　　동생　　가끔

➡ 저는 가끔 동생과 싸워요.

3

카오　　 끄론　　 당　　 마ㄱ　　 바ㅇ크랑

เขา　กรน　ดัง　มาก　บางครั้ง

그　　코를 골다　(소리가) 크다　매우　　가끔

➡ 그는 가끔 시끄럽게 코를 골아요.

4

프안　　 핏플라ㅅ　　 바ㅇ크랑

เพื่อน　ผิดพลาด　บางครั้ง

친구　　실수하다　　가끔

➡ 친구는 가끔 실수를 해요.

단어 **คิดถึง** 킷틍 보고 싶다, 그리워하다 | **ทะเลาะ** 탈러 싸우다, 다투다 | **กรน** 끄론 코를 골다 | **ดัง** 당 (소리가) 크다, 우렁차다 | **ผิดพลาด** 핏플라ㅅ 실수하다

패턴 068

"저는 자주 노래를 불러요."

บ่อยๆ

버-이버-이

'자주', '종종', '빈번히'라는 의미의 빈도부사로, 주로 문장 끝에 위치하여 비교적 잦은 빈도를 나타냅니다.

🎧 068-1

필수 패턴 3번 따라하기 ☑◻◻

저는 자주 노래를 불러요.

폼	러-ㅇ	플레-ㅇ	버-이버-이
ผม	**ร้อง**	**เพลง**	**บ่อยๆ**
저	부르다	노래	자주

저는 자주 책을 읽어요.

디찬	아-ㄴ	낭쓰-	버-이버-이
ดิฉัน	**อ่าน**	**หนังสือ**	**บ่อยๆ**
저	읽다	책	자주

단어 **บ่อยๆ** 버-이버-이 자주, 종종, 번번히

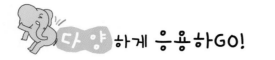다양하게 응용하GO!

5번 따라하기 ☑〇〇〇〇

1

프-안ˇ · 르-ㅁ¯ · 낫ˋ · 버-이버-이ˋ

เพื่อน ลืม นัด บ่อยๆ
친구 · 잊어버리다 · 약속 · 자주

➡ 친구는 종종 약속을 잊어버려요.

2

카오ˇ · 끄로-ㅅˋ · 너-ㅇ차-이ˋ · 버-이버-이ˋ

เขา โกรธ น้องชาย บ่อยๆ
그 · 화를 내다 · 남동생 · 자주

➡ 그는 남동생에게 종종 화를 내요.

3

트ˇ- · 빠이ˋ · 끄룽테-ㅂ^ · 버-이버-이ˋ

เธอ ไป กรุงเทพฯ บ่อยๆ
그녀 · 가다 · 방콕 · 자주

➡ 그녀는 방콕에 자주 가요.

4

추-앙니-^ · 무-바-ㄴ² · 찬ˇ · 폰(f)ˇ · 똑ˋ · 버-이버-이ˋ

ช่วงนี้ หมู่บ้าน ฉัน ฝน ตก บ่อยๆ
요즘 · 동네 · 나 · 비 · 내리다 · 자주

➡ 요즘 우리 동네는 비가 자주 내려요.

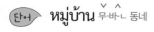 **หมู่บ้าน** 무-바-ㄴ 동네

"친구는 항상 TV를 봐요."

เสมอๆ
싸므ㅓ-싸므ㅓ-

'항상', '언제나'라는 의미의 빈도부사로, 문장 맨 앞이나 끝에 위치하여 아주 잦은 빈도를 나타냅니다.

🎧 **069-1**

패턴이랑 친해지GO!

필수 패턴 3번 따라하기 ✓☐☐

친구는 항상 TV를 봐요.

프-안	두-	타-위-	싸므ㅓ-싸므ㅓ-
เพื่อน	**ดู**	**ทีวี**	**เสมอๆ**
친구	보다	TV	항상

애인은 항상 일을 해요.

풰(f)-ㄴ	탐응아-ㄴ	싸므ㅓ-싸므ㅓ-
แฟน	**ทำงาน**	**เสมอๆ**
애인	일하다	항상

Tip 'เสมอๆ 싸므ㅓ-싸므ㅓ-' 외에 '항상', '언제나'라는 의미로 'ตลอดเวลา 딸러-스웨-ㄹ라'를 쓰기도 합니다.

단어 เสมอๆ 싸므ㅓ-싸므ㅓ- 항상, 언제나

1

폼   아ᐟ브남   꺼-ㄴ   카오너-ㄴ   싸므ᐱ-싸므ᐱ-

ผม   **อาบน้ำ**   **ก่อน**   **เข้านอน**   **เสมอๆ**

저   샤워하다   ~전에   취침하다   항상

➡ 저는 자기 전에 항상 샤워를 해요.

2

디찬   쌍   쏨땀타이   싸므ᐱ-싸므ᐱ-

ดิฉัน   **สั่ง**   **ส้มตำไทย**   **เสมอๆ**

저   주문하다   쏨땀타이   항상

➡ 저는 항상 쏨땀타이를 주문해요.

3

콘   난   임   하이   폼   싸므ᐱ-싸므ᐱ-

คน   **นั้น**   **ยิ้ม**   **ให้**   **ผม**   **เสมอๆ**

사람   그   미소 짓다   ~에게   저   항상

➡ 그 사람은 항상 저를 보고 미소 지어요.

4

카오   낀   아-하-ㄴ 차오   싸므ᐱ-싸므ᐱ-

เขา   **กิน**   **อาหารเช้า**   **เสมอๆ**

그   먹다   아침 식사   항상

➡ 그는 항상 아침 식사를 해요.

단어 **อาบน้ำ** 아ᐟ브남 샤워하다 | **ก่อน** 꺼-ㄴ ~전에 | **เข้านอน** 카오너-ㄴ 취침하다, 잠자리에 들다 | **สั่ง** 쌍 주문하다, 시키다 | **ยิ้ม** 임 미소 짓다, 웃다 | **ให้** 하이 ~에게, ~하게 | **อาหารเช้า** 아-하-ㄴ 차오 아침 식사

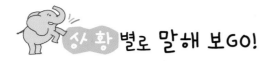 별로 말해 보GO!

▷ 패턴 066-067에서 배운 표현을 활용해 대답해 보세요.

🎧 069-4

휴일에 당신은 무엇을 하나요?

วันหยุด คุณ ทำ อะไร
완윳 쿤 탐 아라이

저는 이따금 바다에 가요.

ดิฉัน ไป ทะเล นานๆ ที
디찬 빠이 탈레- 나-ㄴ나-ㄴ티-

저는 가끔 늦잠을 자요.

ผม ตื่น สาย บางครั้ง
폼 뜨-ㄴ 싸-이 바-ㅇ크랑

저는 때때로 등산을 해요.

ดิฉัน ปีนเขา นานๆ ที
디찬 삐-ㄴ 카오 나-ㄴ나-ㄴ티-

단어 **ปีนเขา** 삐-ㄴ카오 등산하다

▷ 패턴 068-069에서 배운 표현을 활용해 대답해 보세요.

패턴 066-069에서 배운 내용을
암기 영상을 통해 복습해 보세요!

🎧 069-5

당신의 새로운 애인은 어때요?

แฟน ใหม่ ของ คุณ เป็นอย่างไร
풰(f)-ㄴ 마이 커-ㅇ 쿤 뻰 야-ㅇ라이

그녀는 항상 저에게 잘해줘요.

เธอ ทำดีต่อ ผม เสมอๆ
트ㅓ- 탐디-떠- 폼 싸므ㅓ-싸므ㅓ-

그는 항상 바빠요.

เขา ยุ่ง เสมอๆ
카오 융 싸므ㅓ-싸므ㅓ-

요즘 애인과 자주 싸워요.

ช่วงนี้ ทะเลาะ กับ แฟน บ่อยๆ
추-앙니- 탈러 깝 풰(f)-ㄴ 버-이버-이

 ทำดีต่อ 탐디-떠- ~에게 잘해주다

패턴 070

"태국에 있을 때 저는 텅러에 가는 것을 좋아했어요."

เวลา

웨-ㄹ라

절을 이끄는 접속사로 명사나 동사 앞에 위치하여 시간상의 '~때'라는 의미를 나타냅니다. 참고로, 명사로 쓰일 때는 '시간', '시각'이라는 뜻입니다.

🎧 070-1

패턴이랑 **친해지GO!**

필수 패턴 3번 따라하기 ☑︎☐☐

태국에 있을 때 저는 텅러에 가는 것을 좋아했어요.

เวลา	อยู่	ที่	ไทย	ผม	ชอบ	ไป	ทองหล่อ
웨-ㄹ라	유-	티-	타이	폼	처-ㅂ	빠이	터-ㅇ러-
~때	있다	~에(서)	태국	저	좋아하다	가다	텅러

한국에 있을 때 저는 매일 한국 음식을 먹었어요.

เวลา	อยู่	ที่	เกาหลี	ดิฉัน	กิน	อาหารเกาหลี	ทุกวัน
웨-ㄹ라	유-	티-	까올리-	디찬	낀	아-하-ㄴ 까올리-	툭완
~때	있다	~에(서)	한국	저	먹다	한국 음식	매일

Tip 'เวลา 웨-ㄹ라' 외에 '~때'라는 의미로 'ตอน 떠-ㄴ', 'เมื่อ 므-아'를 쓰기도 합니다.

단어 เวลา 웨-ㄹ라 ~때, 시간, 시각 | ทุกวัน 툭완 매일

184 GO! 독학 태국어 패턴 100

1

웨-ㄹ라　쏭　커-ㅇ　떠-ㅇ　루-　티-유

เวลา　ส่ง　ของ　ต้อง　รู้　ที่อยู่
~때　보내다　물건　~해야 한다　알다　주소

➜ 물건을 보낼 때 주소를 꼭 알아야 해요.

2

웨-ㄹ라　핌　타이　루-쓱　야-ㄱ　마-ㄱ

เวลา　พิมพ์　ไทย　รู้สึก　ยาก　มาก
~때　타자를 치다　태국　느끼다　어렵다　매우

➜ 태국어 타자를 칠 때 매우 어렵다고 느껴요.

3

웨-ㄹ라　낀 카우　콘 까올리-　차이　처-ㄴ　래　따끼-얍

เวลา　กินข้าว　คนเกาหลี　ใช้　ช้อน　และ　ตะเกียบ
~때　밥을 먹다　한국인　사용하다　숟가락　~와(과)　젓가락

➜ 밥을 먹을 때 한국인은 숟가락과 젓가락을 사용해요.

4

웨-ㄹ라　카ㅁ 타논　야　레-ㄴ　토-라쌉므-트-

เวลา　ข้ามถนน　อย่า　เล่น　โทรศัพท์มือถือ
~때　길을 건너다　~하지 마라　놀다　휴대전화

➜ 길을 건널 때는 휴대전화를 사용하지 마라.

단어 **ที่อยู่** 티-유- 주소 | **พิมพ์** 핌 타자를 치다 | **รู้สึก** 루-쓱 느끼다 | **ช้อน** 처-ㄴ 숟가락 | **ข้ามถนน** 카ㅁ 타논 길을 건너다 | **โทรศัพท์มือถือ** 토-라쌉므-트- 휴대전화

패턴 071

"그는 오늘 안에 숙제를 보낼 거예요."

ภายใน

파-이나이

'~(이)내에', '~중에', '~까지'라는 의미의 전치사로, 시간을 나타내는 명사 앞에 위치하여 '기한'을 나타냅니다.

패턴이랑 친해지GO!

🎧 071-1

필수 패턴 3번 따라하기 ☑☐☐

그는 오늘 안에 숙제를 보낼 거예요.

카오	짜	쏭	까-ㄴ바-ㄴ	파-이나이	완니-
เขา	จะ	ส่ง	การบ้าน	ภายใน	วันนี้
그	~할 것이다	보내다	숙제	~(이)내에	오늘

그녀는 이번 주 이내에 태국에 돌아갈 거예요.

트ㅓ-	짜	끌랍	타이	파-이나이	쌉다-니-
เธอ	จะ	กลับ	ไทย	ภายใน	สัปดาห์นี้
그녀	~할 것이다	돌아가다	태국	~(이)내에	이번 주

Tip 'ภายใน 파-이나-이' 뒤에 날짜와 관련된 어휘가 쓰인 경우, 'ภาย 파-이'를 생략하고 ใน 나이'만 사용하여 '~날에'라는 뜻으로도 쓸 수 있습니다.

★ ใน วันหยุด: 휴일에 | ใน วันไหว้ครู: 스승의 날에 | ใน ช่วงเปลี่ยนฤดู: 환절기에

단어 ภายใน 파-이나이 ~(이)내에, ~중에, ~까지 | สัปดาห์ 쌉다- 주, 일주일

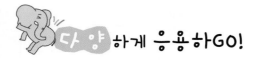

다 양하게 응용하GO!

느리게 듣기 071-2   빠르게 듣기 071-3

5번 따라하기 ☑☐☐☐☐

1

카오 / 짜 / 마- / 파-이나이 / 쩻 모-ㅇ

เขา จะ มา ภายใน 7 โมง

그 / ~할 것이다 / 오다 / ~(이)내에 / 7 시

➡ 그는 7시 안에 올 거예요.

2

쁠리-얀 / 씬카- / 다이 / 파-이나이 / 싸-ㅁ 완

เปลี่ยน สินค้า ได้ ภายใน 3 วัน

바꾸다 / 상품 / ~할 수 있다 / ~(이)내에 / 3 일

➡ 3일 이내에 교환할 수 있어요.

3

쿠-뻐-ㅇ / 니- / 차이 / 다이 / 파-이나이 / 삐-니-

คูปอง นี้ ใช้ ได้ ภายใน ปีนี้

쿠폰 / 이 / 사용하다 / ~할 수 있다 / ~(이)내에 / 올해

➡ 이 쿠폰은 올해 안에 사용할 수 있어요.

4

쿤 / 떠-ㅇ / 탐응아-ㄴ / 쎗 / 파-이나이 / 완니-

คุณ ต้อง ทำงาน เสร็จ ภายใน วันนี้

당신 / ~해야 한다 / 일하다 / 끝내다 / ~(이)내에 / 오늘

➡ 당신은 오늘까지 일을 끝내야 해요.

단어 เปลี่ยน 쁠리-얀 바꾸다 | สินค้า 씬카- 상품 | คูปอง 쿠-뻐-ㅇ 쿠폰

STEP2 필수 패턴 **187**

패턴 072

"오늘부터 저는 일할 거예요."

ตั้งแต่

^ ˋ
땅때-

'~부터'라는 의미의 전치사로, 시간을 나타내는 명사나 동사 앞에 위치하여 '(어떤) 시기의 시작'을 나타냅니다.

🎧 **072-1**

**이랑 친해지GO!**

필수 패턴 3번 따라하기 ☑☐☐

오늘부터 저는 일할 거예요.

^ ˋ 땅때-	– ́ 완니-	̆ 폼	́ 짜	̆ ˋ – ㄴ 탐응아-ㄴ
ตั้งแต่	**วันนี้**	**ผม**	**จะ**	**ทำงาน**
~부터	오늘	저	~할 것이다	일하다

내일부터 저는 다이어트할 거예요.

^ ˋ 땅때-	^ ́ 프룽니-	ˋ ˋ 디찬	́ 짜	́ – ^ -안 롯콰-ㅁ우-안
ตั้งแต่	**พรุ่งนี้**	**ดิฉัน**	**จะ**	**ลดความอ้วน**
~부터	내일	저	~할 것이다	다이어트하다

 ตั้งแต่ ^ ˋ 땅때- ~부터 | **ลดความอ้วน** ́ – ^ -안 롯콰-ㅁ우-안 다이어트하다, 체중을 줄이다

5번 따라하기 ☑️⬜⬜⬜⬜

1

^ 땅때-	^ 므-아와-ㄴ	` 뿌-앗	´ 터-ㅇ
ตั้งแต่	**เมื่อวาน**	**ปวด**	**ท้อง**
~부터	어제	아프다	배, 복부

➡️ 어제부터 배가 아파요.

2

^ 땅때-	´ 차오	‾ 완니-	´ 러-ㄴ	^ 마-ㄱ
ตั้งแต่	**เช้า**	**วันนี้**	**ร้อน**	**มาก**
~부터	아침	오늘	덥다	매우

➡️ 오늘 아침부터 매우 더워요.

3

´ 라-ㄴ	` 난	` 쁘ㅓ-ㅅ	^ 땅때-	` 끼-	‾ 모-ㅇ
ร้าน	**นั้น**	**เปิด**	**ตั้งแต่**	**กี่**	**โมง**
식당, 가게	그	열다	~부터	몇	시

➡️ 그 식당은 몇 시부터 열어요?

4

` 디찬	`‾ 어-ㄴ애-	^^ 땅때-	` 끄ㅓ-ㅅ
ดิฉัน	**อ่อนแอ**	**ตั้งแต่**	**เกิด**
저	연약하다	~부터	태어나다

➡️ 저는 태어났을 때부터 연약했어요.

단어 **เมื่อวาน** ^므-아와-ㄴ 어제 ｜ **ปวด** `뿌-앗 아프다 ｜ **ท้อง** ´터-ㅇ 배, 복부, 태아 ｜ **อ่อนแอ** `‾어-ㄴ애- 연약하다 ｜
เกิด `끄ㅓ-ㅅ 태어나다

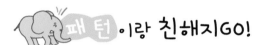

패턴 073

"그는 졸업하기 전에 취직했어요."

ก่อนที่

꺼-ㄴ티-

절을 이끄는 접속사로, 동사 앞에 위치하여 '~(하기) 전에'라는 의미를 나타냅니다.

🎧 073-1

패턴이랑 친해지GO!

필수 패턴 3번 따라하기 ☑☐☐

그는 졸업하기 전에 취직했어요.

꺼-ㄴ티-	짜	리-얀쫍	카오	다이 응아-ㄴ
ก่อนที่	**จะ**	**เรียนจบ**	**เขา**	**ได้งาน**
~(하기) 전에	~할 것이다	졸업하다	그	취업하다

한국으로 돌아가기 전에 같이 놀러 갈까요?

꺼-ㄴ티-	짜	끌랍	까올리-	빠이티-야우	깐	마이
ก่อนที่	**จะ**	**กลับ**	**เกาหลี**	**ไปเที่ยว**	**กัน**	**ไหม**
~(하기) 전에	~할 것이다	돌아가다	한국	놀러 가다	함께	~할까요?

Tip 'ได้ 다이'는 품사에 따라 의미가 달라지는데, '동사 + ได้ 다이'는 조동사로 쓰여 '~할 수 있다'를 'ได้ 다이 + 동사'는 과거시제로 '~했다'를 나타냅니다. 또한, 'ได้ 다이'가 동사로 쓰이면 '얻다', '취득하다'라는 의미입니다.

단어 **ก่อนที่** 꺼-ㄴ티- ~(하기) 전에 | **เรียนจบ** 리-얀쫍 졸업하다 | **ได้งาน** 다이 응아-ㄴ 취업하다

190 GO! 독학 태국어 패턴 100

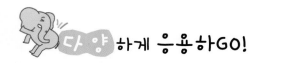
5번 따라하기 ✔️⬜⬜⬜⬜

1

꺼-ㄴ티- | 짜 | 낀 카우 | 떠-ㅇ | 라-ㅇ | 므-
ก่อนที่ | จะ | กินข้าว | ต้อง | ล้าง | มือ
~(하기) 전에 | ~할 것이다 | 밥을 먹다 | ~해야 한다 | 씻다 | 손

➡️ 밥을 먹기 전에 손을 씻어야 해요.

2

꺼-ㄴ티- | 짜 | 끌랍 | 바-ㄴ | 왜 | 라-ㄴ
ก่อนที่ | จะ | กลับ | บ้าน | แวะ | ร้าน
~(하기) 전에 | ~할 것이다 | 돌아가다 | 집 | 잠깐 들르다 | 가게

➡️ 집에 가기 전에 가게에 들를 거예요.

3

꺼-ㄴ티- | 짜 | 쓰- | 커-ㅇ | 쿠-안 | 두- | 완못아-유
ก่อนที่ | จะ | ซื้อ | ของ | ควร | ดู | วันหมดอายุ
~(하기) 전에 | ~할 것이다 | 사다 | 물건 | ~하는 것이 좋다 | 보다 | 유통기한

➡️ 물건을 사기 전에 유통기한을 보는 것이 좋아요.

4

꺼-ㄴ티- | 짜 | 빠이 | 타이 | 카오 | 리-얀 | 파-싸- 타이
ก่อนที่ | จะ | ไป | ไทย | เขา | เรียน | ภาษาไทย
~(하기) 전에 | ~할 것이다 | 가다 | 태국 | 그 | 공부하다 | 태국어

➡️ 태국에 가기 전에 그는 태국어를 배울 거예요.

단어 **ล้าง** 라-ㅇ 씻다 | **วันหมดอายุ** 완못아-유 유통기한

패턴 074

"수업이 끝난 후에 저는 똠얌꿍을 먹을 거예요."

หลังจาก

랑짜-ㄱ

절을 이끄는 접속사로, 동사 앞에 위치하여 '~후에', '~한 뒤에'라는 의미를 나타냅니다.

🔊 **074-1**

패 턴 이랑 친해지GO!

필수 패턴 3번 따라하기 ☑☐☐

수업이 끝난 후에 저는 똠얌꿍을 먹을 거예요.

랑짜-ㄱ	리-얀	폼	짜	낀	똠얌꿍
หลังจาก	**เรียน**	**ผม**	**จะ**	**กิน**	**ต้มยำกุ้ง**
~후에	수업, 공부하다	저	~할 것이다	먹다	똠얌꿍

졸업 후에 당신은 무엇을 할 거예요?

랑짜-ㄱ	리-얀쫍	쿤	짜	탐	아라이
หลังจาก	**เรียนจบ**	**คุณ**	**จะ**	**ทำ**	**อะไร**
~후에	졸업하다	당신	~할 것이다	하다	무엇

Tip 어떤 일이나 사건이 끝나거나 완료되었을 때 사용하는 단어 **'จบ** 쫍'을 '수업하다'라는 의미인 **'เรียน** 리-얀과 함께 사용하여 **'เรียนจบ** 리-얀쫍 졸업하다'의 의미를 나타냅니다.

단어 **หลังจาก** 랑짜-ㄱ ~후에, ~한 뒤에

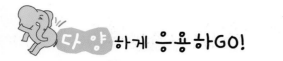

5번 따라하기 ✓◻◻◻◻

1
랑짜-ㄱ ˇ ˋ | 뿌-아이 ˋ | 폼 ˇ | 짜 ˋ | 롯 ˊ | 남낙 ˊ
หลังจาก | ป่วย | ผม | จะ | ลด | น้ำหนัก
~후에 | 아프다 | 저 | ~할 것이다 | 줄다, 감소하다 | 무게

➡ 아프고 난 후에 저는 살이 빠졌어요.

2
랑짜-ㄱ ˇ ˋ | 낀 카-우 ‾ ^ | 드-ㅁ ‾ ˋ | 까-풰(f)- ‾ ‾ | 버-이버-이 ˋ ˋ
หลังจาก | กินข้าว | ดื่ม | กาแฟ | บ่อยๆ
~후에 | 밥을 먹다 | 마시다 | 커피 | 자주

➡ 밥 먹은 후에 자주 커피를 마셔요.

3
랑짜-ㄱ ˇ ˋ | 뜨-ㄴ ˋ | 팝 ˊ | 파-홈 ^ ˋ | 싸므ㅓ-싸므ㅓ- ˇˋ ˇˋ
หลังจาก | ตื่น | พับ | ผ้าห่ม | เสมอๆ
~후에 | 일어나다 | 개다, 접다 | 이불 | 항상

➡ 일어난 후에 항상 이불을 개요.

4
랑짜-ㄱ ˇ ˋ | 르ㅓ-ㄱ응아-ㄴ ^ | 디찬 ˋ ˇ | 빠이 ˋ | 띠- ‾ | 꺼-ㅂ ^
หลังจาก | เลิกงาน | ดิฉัน | ไป | ตี | กอล์ฟ
~후에 | 퇴근하다 | 저 | 가다 | 치다 | 골프

➡ 퇴근 후에 저는 골프 치러 가요.

단어 **ป่วย** 뿌-아이 아프다 | **น้ำหนัก** 남낙 무게 | **พับ** 팝 개다, 접다 | **ผ้าห่ม** 파-홈 이불 | **เลิกงาน**
르ㅓ-ㄱ응아-ㄴ 퇴근하다

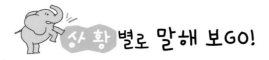

▷ 패턴 070-072에서 배운 표현을 활용해 대답해 보세요.

🎧 074-4

이 신발 40사이즈 주세요.
ขอ รองเท้า นี้ ไซส์ 40
커- 라-ㅇ타오 나- 싸이 씨-씹

걸을 때 편안함을 느낄 거예요.
เวลา เดิน รู้สึก สบายๆ
웨-라 드ㅓ-ㄴ 루-쓱 싸바-이싸바-이

교환이나 환불은 7일 이내에 할 수 있어요.
เปลี่ยน หรือ คืนเงิน ได้ ภายใน 7 วัน
쁠리-얀 르- 크-ㄴ응으ㅓ-ㄴ 다이 파-이나이 쩻 완

오늘부터 20퍼센트 할인이에요.
ตั้งแต่ วันนี้ ลด ราคา 20 เปอร์เซ็นต์
땅때- 완니- 롯 라-카 이-씹 쁘ㅓ-쎈

단어 **ไซส์** 싸이 사이즈 | **สบายๆ** 싸바-이싸바-이 편안하다 | **คืนเงิน** 크-ㄴ응으ㅓ-ㄴ 환불하다

▷ 패턴 073-074에서 배운 표현을 활용해 대답해 보세요.

🎧 074-5

우리 같이 밥 먹으러 가요.

เรา ไป กินข้าว กัน เถอะ
라오　　빠이　　낀카우　　깐　　　트ㅓ

밥 먹으러 가기 전에 약국에 들러요.

ก่อนที่ จะ ไป กินข้าว แวะ ร้านยา
꺼-ㄴ티-　짜　빠이　낀 카우　웨　라-ㄴ야

밥 먹은 후에 커피 마시러 가요.

หลังจาก กินข้าว ไป ดื่ม กาแฟ
랑짜-ㄱ　　낀 카우　빠이　드-ㅁ　까-풰(f)-

나가기 전에 메일을 보내야 해요.

ก่อนที่ จะ ออกไป ต้อง ส่ง อีเมล
꺼-ㄴ티-　짜　어-ㄱ빠이　떠-ㅇ　쏭　이-메-ㄴ

+ #

 ร้านยา 라-ㄴ야 약국 | อีเมล 이-메-ㄴ 이메일

Step 3 핵심 패턴

학습 포인트	Step3에서 학습하는 전치사, 접속사, 관계사를 통해 문장을 연결함으로써 더욱 확장된 태국어 문장을 구사할 수 있어요.

학습 순서

   ▷   ▷

본책   속도별
MP3 음원   패턴 암기 영상   쓰기 노트 PDF

내 실력 확인하GO!

☑ 다음 제시된 문장 중 태국어로 얼마나 말할 수 있는지 체크해 보고,
모르는 표현은 주의 깊게 들어 보세요.

		말할 수 있다	말할 수 없다
①	그녀의 눈은 예뻐요.	☐	☐
②	점심 특선 요리입니다.	☐	☐
③	쏨땀은 맵고 신맛이 있어요.	☐	☐
④	차가 너무 막혀서 늦었어요.	☐	☐
⑤	그런데 그는 어디에 있어요?	☐	☐
⑥	비록 비는 오지만 저는 갈 거예요.	☐	☐
⑦	당신은 그녀가 예쁘다고 생각해요?	☐	☐
⑧	그녀는 당신이 자랑스럽다고 느껴요.	☐	☐
⑨	이곳을 마음에 들어하길 바라요.	☐	☐
⑩	저는 비가 올지 안 올지 몰라요.	☐	☐

"그의 차는 비싸요."

ของ
ว
커-ㅇ

'~의'라는 의미로, 명사와 명사 사이에 위치하여 '소유'나 '소속'을 나타내는 전치사입니다.
참고로 'ของ 커-ㅇ'이 명사로 쓰일 때는 '물건', '물품', '~것'이라는 뜻입니다.

🎧 075-2

 패턴이랑 친해지GO!

핵심 패턴 3번 따라하기 ☑◻◻

그의 차는 비싸요.

´롯	ˇ커-ㅇ	ˇ카오	‾패-ㅇ
รถ	**ของ**	**เขา**	**แพง**
차	~의	그	비싸다

저의 강아지는 귀여워요.

ˇ마	ˇ커-ㅇ	ˇ폼	^´나-락
หมา	**ของ**	**ผม**	**น่ารัก**
강아지	~의	저	귀엽다

Tip '소유'나 '소속'을 나타내는 '~의'라는 뜻의 전치사로 사용된 경우, 'ของ ˇ커-ㅇ'은 생략할 수 있습니다.

단어 ของ ˇ커-ㅇ ~의, ~것, 물건

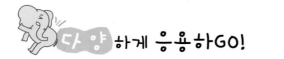

느리게 듣기 🎧 075-3 빠르게 듣기 🎧 075-4

5번 따라하기 ☑☐☐☐☐

1

ㅗ ㅗ 낭쓰- | ㅗ 커-ㅇ | ㅗ 폼 | ─ 하이 | ─ 빠이
หนังสือ ของ ผม หาย ไป
책   ~의   저   없어지다   방향동사

➡ 저의 책은 없어졌어요.

2

^ 바-ㄴ | ㅗ 커-ㅇ | ─ 쿤 | ㅗ 유- | ^ 티-나이
บ้าน ของ คุณ อยู่ ที่ไหน
집   ~의   당신   있다   어디

➡ 당신의 집은 어디에 있어요?

3

ㅡ 따- | ㅗ 커-ㅇ | ─ 트ㅓ- | ㅗ 쑤-아이 | ㅗ 꽈- | 크라이크라이
ตา ของ เธอ สวย กว่า ใครๆ
눈   ~의   그녀   예쁘다   ~보다   누구

➡ 그녀의 눈은 누구보다 예뻐요.

4

─^ 쿤퍼- | ㅗ 커-ㅇ | ㅗ 디찬 | ㅗ 쑤-ㅇ | ㅗ 꽈- | ^ ─ 피-차-이
คุณพ่อ ของ ดิฉัน สูง กว่า พี่ชาย
아버지   ~의   저   (키가) 크다   ~보다   오빠, 형

➡ 저의 아버지는 오빠(형)보다 키가 커요.

단어 **หาย** 하이 없어지다, 사라지다 | **ไป** 빠이 방향동사(주로 화자로부터 멀어지는 동작에 씀) | **ตา** 따- 눈(신체) | **พี่ชาย** 피-차-이 오빠, 형

STEP3 핵심 패턴 **199**

패턴 076

"저는 부모님과 있어요."

กับ

`깝

'~와(과)', '~와(과) 함께'라는 의미로, 명사 앞에 위치하여 '대상'을 나타내는 전치사입니다.

🎧 076-1

 이랑 친해지GO!

핵심 패턴 3번 따라하기 ☑☐☐

저는 부모님과 있어요.

ˇ폼	`유-	`깝	^퍼-^매-
ผม	**อยู่**	**กับ**	**พ่อแม่**
저	있다	~와(과)	부모님

저는 태국인과 결혼해요.

ˇ폼	`때-ㅇ응아-ㄴ	`깝	─콘 타이
ผม	**แต่งงาน**	**กับ**	**คนไทย**
저	결혼하다	~와(과)	태국인

Tip : 'กัน 깐'과 'กับ 깝' 두 단어 모두 '서로', '함께', '~와(과)'의 의미를 나타내지만 'กัน 깐'은 부사로서 뒤에 명사를 함께 쓰지 않아도 되고, 'กับ 깝'은 전치사로서 뒤에 명사를 함께 써야 한다는 차이점이 있습니다.

단어 : กับ 깝 ~와(과), ~와(과) 함께

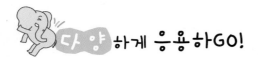

1

트-	깝	프-안	짜	써-ㄴ피쎄-ㅅ
เธอ	กับ	เพื่อน	จะ	สอนพิเศษ
그녀	~와(과)	친구	~할 것이다	과외, 특강

➡ 그녀와 친구는 과외를 할 거예요.

2

너-ㅇ	깝	디찬	탐콰-ㅁ싸아-ㅅ
น้อง	กับ	ดิฉัน	ทำความสะอาด
동생	~와(과)	저	청소하다

➡ 동생과 저는 청소를 해요.

3

찡찡래-우	카오	깝	폼	싸닛	마-ㄱ
จริงๆ แล้ว	เขา	กับ	ผม	สนิท	มาก
사실	그	~와(과)	저	친하다	매우

➡ 사실 그와 저는 매우 친해요.

4

디찬	야-ㄱ	쿠이	깝	쿤	싹크루-
ดิฉัน	อยาก	คุย	กับ	คุณ	สักครู่
저	~하고 싶다	이야기하다	~와(과)	당신	잠시

➡ 저는 당신과 잠시 이야기하고 싶어요.

단어　**สอนพิเศษ** 써-ㄴ피쎄-ㅅ 과외, 특강 | **ทำความสะอาด** 탐콰-ぃ싸아-ㅅ 청소하다 | **จริงๆ แล้ว**
찡찡래-우 사실 | **คุย** 쿠이 이야기하다, 대화하다

패턴 077

"동화책(어린이용 책)입니다."

สำหรับ

쌈랍

'~용의', '~몫', '~경우'라는 의미로, 명사 앞에 위치하여 '용도'를 나타내는 전치사입니다.

패턴이랑 친해지GO!

🎧 077-1

핵심 패턴 3번 따라하기 ☑☐☐

동화책(어린이용 책)입니다.

낭쓰-	쌈랍	덱	크랍
หนังสือ	**สำหรับ**	**เด็ก**	**ครับ**
책	~용의	아이, 어린이	~입니다 (남성 어조사)

제 몫의 식사입니다.

아-하-ㄴ	쌈랍	폼	크랍
อาหาร	**สำหรับ**	**ผม**	**ครับ**
음식	~용의	저	~입니다 (남성 어조사)

단어 **สำหรับ** 쌈랍 ~용의, ~몫, ~경우

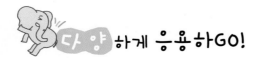
5번 따라하기 ☑ ☐☐☐☐

1

쓰-아	쌈랍	푸-차-이	크랍
เสื้อ	**สำหรับ**	**ผู้ชาย**	**ครับ**
옷	~용의	남자	~입니다 (남성 어조사)

➡ 남성복(남성용 옷)입니다.

2

라-카	쌈랍	낙리-얀	카
ราคา	**สำหรับ**	**นักเรียน**	**ค่ะ**
가격	~용의	학생	~입니다 (여성 어조사)

➡ 학생 요금(학생용 요금)입니다.

3

커-ㅇ	짬뻰	쌈랍	치-윗	크랍
ของ	**จำเป็น**	**สำหรับ**	**ชีวิต**	**ครับ**
물건	필요하다	~용의	생활	~입니다 (남성 어조사)

➡ 생활 필수품(생활용 필수품)입니다.

4

아-하-ㄴ	피쎄-ㅅ	쌈랍	므-	티-양	카
อาหาร	**พิเศษ**	**สำหรับ**	**มื้อ**	**เที่ยง**	**ค่ะ**
음식	특별하다	~용의	끼니	점심	~입니다 (여성 어조사)

➡ 점심 특선 요리(점심용 특선 요리)입니다.

단어   **จำเป็น** 짬뻰 필요하다 | **ชีวิต** 치-윗 생활, 생명 | **พิเศษ** 피쎄-ㅅ 특별하다, 특수하다 | **มื้อ** 므- 끼, 끼니 | **เที่ยง** 티-양 점심, 12시(정오)

"나무로 만들어요."

ด้วย
두^-아이

'~(으)로'라는 의미로, 명사 앞에 위치하여 '수단', '재료', '도구'를 나타내는 전치사입니다.
참고로 'ด้วย 두^-아이'가 수식사로 쓰일 때는 '~도', '~또한'이라는 뜻입니다.

🎧 078-1

 이랑 친해지GO!

핵심 패턴 3번 따라하기 ☑☐☐

나무로 만들어요.

탐	두^-아이	마이
ทำ	**ด้วย**	**ไม้**
만들다	~(으)로	나무

숟가락으로 밥을 먹어요.

낀 카^우	두^-아이	처-ㄴ
กินข้าว	**ด้วย**	**ช้อน**
밥을 먹다	~(으)로	숟가락

 ด้วย 두^-아이 ~(으)로, ~도, ~또한 | **ไม้** 마이 나무

1

ㆍ덱 　ㅡ낀 　ㅅ카우 　ㅅ두-아이 　ㅅ써-ㅁ

เด็ก กิน ข้าว ด้วย ส้อม

아이 　먹다 　밥 　~(으)로 　포크

➡ 아이는 포크로 밥을 먹어요.

2

ㅡ쁘래-ㅇ퐌(f) 　ㅅ두-아이 　ㅡ쁘래-ㅇ씨-퐌(f) 　ㅅ마이

แปรงฟัน ด้วย แปรงสีฟัน ใหม่

양치하다 　~(으)로 　칫솔 　새롭다

➡ 새 칫솔로 양치를 해요.

3

ㆁ폼 　ㅅ리-약 　ㆁ카오 　ㅅ두-아이 　ㅅㅅ츠-레-ㄴ

ผม เรียก เขา ด้วย ชื่อเล่น

저 　부르다 　그 　~(으)로 　별명

➡ 저는 그를 별명으로 불러요.

4

ㅡ따 　ㅅ커-ㅇ 　ㅡ트ㅓ- 　ㅡ뗌 　ㅅ두-아이 　ㅣ남따

ตา ของ เธอ เต็ม ด้วย น้ำตา

눈 　~의 　그녀 　가득 차다 　~(으)로 　눈물

➡ 그녀의 눈은 눈물로 가득 찼어요.

단어 ▸ **ส้อม** ㅅ써-ㅁ 포크 | **แปรงสีฟัน** ㅡ쁘래-ㅇ씨-퐌(f) 칫솔 | **เต็ม** ㅡ뗌 가득 차다, 충만하다 | **น้ำตา** ㅣ남따 눈물

"당신 외에 누가 더 오나요?"

นอกจาก

너^-ㄱ짜-ㄱ`

'~외에', '~을(를) 제외하고'라는 의미로, 명사 앞에 위치하여 '예외'를 나타내는 전치사입니다.

🎧 079-1

 이랑 친해지GO!

핵심 패턴 3번 따라하기 ☑☐☐

당신 외에 누가 더 오나요?

너^-ㄱ짜-ㄱ`	쿤	크라이	마^	이-ㄱ`
นอกจาก	**คุณ**	**ใคร**	**มา**	**อีก**
~외에	당신	누가	오다	더

똠얌꿍 외에 저는 팟타이도 좋아해요.

너^-ㄱ짜-ㄱ`	똠얌꿍^--ˇ	폼ˇ	처^-ㅂ	팟타이`-	두-아이^
นอกจาก	**ต้มยำกุ้ง**	**ผม**	**ชอบ**	**ผัดไทย**	**ด้วย**
~외에	똠얌꿍	저	좋아하다	팟타이	~도

 단어 **นอกจาก** 너^-ㄱ짜-ㄱ` ~외에, ~을(를) 제외하고

느리게 듣기 079-2 빠르게 듣기 079-3

5번 따라하기 ✓○○○○

1
너-ㄱ짜-ㄱ　남　미-　아라이
นอกจาก　น้ำ　มี　อะไร
~외에　물　있다　무엇

➡ 물 외에 무엇이 있나요?

2
너-ㄱ짜-ㄱ　카오　쿤　유-　깝　크라이
นอกจาก　เขา　คุณ　อยู่　กับ　ใคร
~외에　그　당신　있다　~와(과)　누구

➡ 그 외에 당신은 누구와 있어요?

3
너-ㄱ짜-ㄱ　투리-안　폼　처-ㅂ　폰라마이
นอกจาก　ทุเรียน　ผม　ชอบ　ผลไม้
~외에　두리안　저　좋아하다　과일

➡ 두리안을 제외하고 저는 과일을 좋아해요.

4
너-ㄱ짜-ㄱ　팍치-　퍼-　낀　다이　툭야-ㅇ
นอกจาก　ผักชี　พ่อ　กิน　ได้　ทุกอย่าง
~외에　고수　아빠　먹다　~할 수 있다　모든 것

➡ 고수를 제외하고 아빠는 모든 것을 다 드실 수 있어요.

단어 ทุกอย่าง 툭야-ㅇ 모든 것

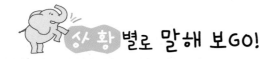

별로 말해 보GO!

▷ 패턴 075-076에서 배운 표현을 활용해 대답해 보세요.   🎧 079-4

당신은 누구와 살고 있나요?

คุณ อยู่ กับ ใคร

쿤　유-　깝　크라이

저는 부모님과 살고 있어요.

ดิฉัน อยู่ กับ พ่อแม่

디찬　유-　깝　퍼-매-

저는 잠깐 친구의 집에 살고 있어요.

ผม อยู่ ที่ บ้าน ของ เพื่อน สักครู่

폼　유-　티-　바-ㄴ　커-ㅇ　프-안　싹크루-

저는 올해부터 언니와 살고 있어요.

ตั้งแต่ ปีนี้ ดิฉัน อยู่ กับ พี่สาว

땅때-　삐-니-　디찬　유-　깝　피-싸-우

 พี่สาว 피-싸-우 언니, 누나

▷ 패턴 077-079에서 배운 표현을 활용해 대답해 보세요. 🎧 079-5

내일 파티가 있어요.

พรุ่งนี้ มี ปาร์ตี้
프룽니- 미- 빠-띠-

할로윈 파티 맞지요?

ปาร์ตี้ สำหรับ ฮาโลวีน ใช่ ไหม
빠-띠- 쌈랍 하-로-위-ㄴ 차이 마이

당신 외에 누가 또 오나요?

นอกจาก คุณ ใคร มา อีก
너-ㄱ짜-ㄱ 쿤 크라이 마- 이-ㄱ

할로윈 복장으로 가야 하나요?

ต้อง ไป ด้วย การแต่งตัว ฮาโลวีน ไหม
떠-ㅇ 빠이 두-아이 까-ㄴ때-ㅇ뚜-아 하-로-위-ㄴ 마이

단어 **ปาร์ตี้** 빠-띠- 파티 | **ฮาโลวีน** 하-로-위-ㄴ 할로윈 | **การแต่งตัว** 까-ㄴ때-ㅇ뚜-아 복장, 옷차림

"저는 샤워하고 나서 게임해요."

แล้ว

래-우

'~하고 나서', '그러고 나서'라는 의미로, 문장과 문장 사이에 위치하여 '순서', '동작의 연속'을 나타내는 접속사입니다. 그러나 과거를 나타내는 문장에 동사나 목적어 뒤에 위치하는 경우에는 '~했다'라는 뜻으로 과거시제를 나타냅니다.

🎧 080-1

패턴이랑 친해지GO!

핵심 패턴 3번 따라하기 ☑◻◻

저는 샤워하고 나서 게임해요.

폼	아-ㅂ남	래-우	레-ㄴ	께-ㅁ
ผม	**อาบน้ำ**	**แล้ว**	**เล่น**	**เกม**
저	샤워하다	그러고 나서	놀다, 하다	게임

동생은 밥 먹고 나서 쉬어요.

너-ㅇ	낀 카-우	래-우	팍퍼-ㄴ
น้อง	**กินข้าว**	**แล้ว**	**พักผ่อน**
동생	밥을 먹다	그러고 나서	쉬다

단어 **แล้ว** 래-우 ~하고 나서, 그러고 나서

 하게 응용하GO!

5번 따라하기 ☑○○○○

1

폼	탐	까ㄴ바ㄴ	래-우	두-	티-위-
ผม	ทำ	การบ้าน	แล้ว	ดู	ทีวี
저	하다	숙제	그러고 나서	보다	TV

➡ 저는 숙제를 하고 나서 TV를 봐요.

2

카오	탐아-하ㄴ	래-우	라-ㅇ짜ㄴ	탄티-
เขา	ทำอาหาร	แล้ว	ล้างจาน	ทันที
그	요리하다	그러고 나서	설거지하다	바로, 즉시

➡ 그는 요리를 하고 나서 바로 설거지를 해요.

3

뜨롱빠이	틍	씨-얘(y)-ㄱ	래-우	리-야우	콰-
ตรงไป	ถึง	สี่แยก	แล้ว	เลี้ยว	ขวา
직진하다	~까지	사거리	그러고 나서	돌다	오른쪽

➡ 사거리까지 직진하고 나서 우회전해요.

4

나이	완윳	트ㅓ-	땃폼	래-우	닷폼
ใน	วันหยุด	เธอ	ตัดผม	แล้ว	ดัดผม
~에, 때	휴일	그녀	머리카락을 자르다	그러고 나서	파마하다

➡ 그녀는 휴일에 머리카락을 자르고 나서 파마했어요.

단어 **ล้างจาน** 라-ㅇ짜ㄴ 설거지하다 | **ทันที** 탄티- 바로, 즉시 | **ตรงไป** 뜨롱빠이 직진하다, 똑바로 가다 | **สี่แยก** 씨-얘(y)-ㄱ 사거리 | **เลี้ยว** 리-야우 돌다, 회전하다 | **ขวา** 콰- 오른쪽 | **ตัดผม** 땃폼 머리카락을 자르다, 이발하다 | **ดัดผม** 닷폼 파마하다

패턴 081

"그는 잘생기고 키가 커요."

และ

แ래

'그리고', '~와(과)'라는 의미로 쓰여 '병렬'을 나타내는 접속사입니다.

패턴 이랑 친해지GO!

 081-1

핵심 패턴 3번 따라하기 ☑︎◻︎◻︎

그는 잘생기고 키가 커요.

เขา	หล่อ	และ	สูง
카오	러-	래	쑤-ㅇ
그	잘생기다	그리고	(키가) 크다

그녀는 예쁘고 부유해요.

เธอ	สวย	และ	รวย
트ㅓ-	쑤-아이	래	루-아이
그녀	예쁘다	그리고	부유하다

Tip 두 가지 이상의 내용을 나열할 때는 'และ 래'를 마지막 단어, 구, 절 앞에 씁니다. 예를 들어, A, B, C가 있을 경우 'A + B + และ 래 + C'와 같이 표현합니다.

단어 และ 래 그리고, ~와(과)

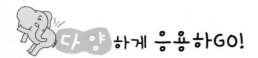

1

ห้อง นี้ กว้าง และ สะอาด
허-ㅇ 니- 꽈-ㅇ 래 싸아-ㅅ
방 이 넓다 그리고 깨끗하다

➜ 이 방은 넓고 깨끗해요.

2

ส้มตำ มี รสชาติ เผ็ด และ เปรี้ยว
쏨땀 미- 롯차-ㅅ 펫 래 쁘리-야우
쏨땀 있다 맛 맵다 그리고 시다

➜ 쏨땀은 맵고 신맛이 있어요.

3

ของ นี้ คุณภาพ ดี และ ราคา ถูก
커-ㅇ 니- 쿤나파-ㅂ 디- 래 라카 투-ㄱ
물건 이 품질 좋다 그리고 가격 싸다

➜ 이 물건은 품질이 좋고 가격도 싸요.

4

ครอบครัว ของ ฉัน มี ย่า พ่อแม่ และ ดิฉัน
크러-ㅂ크루-아 커-ㅇ 찬 미- 야 퍼-매- 래 디찬
가족 ~의 나 있다 친할머니 부모님 그리고 저

➜ 우리 가족은 친할머니, 부모님, 그리고 제가 있습니다.

단어 **กว้าง** 꽈-ㅇ 넓다 | **สะอาด** 싸아-ㅅ 깨끗하다 | **เปรี้ยว** 쁘리-야우 시다 | **คุณภาพ** 쿤나파-ㅂ 품질 |
ย่า 야 친할머니

패턴 082

"저는 놀랐어요. 왜냐하면 당신이 와서요."

เพราะ

프러

'왜냐하면', '~때문에'라는 의미로 쓰여 '이유'나 '원인'을 나타내는 접속사입니다.

 **이랑 친해지GO!**

🎧 082-1

핵심 패턴 3번 따라하기 ☑☐☐

저는 놀랐어요. 왜냐하면 당신이 와서요.

폼	똑짜이	프러	쿤	마
ผม	**ตกใจ**	**เพราะ**	**คุณ**	**มา**
저	놀라다	왜냐하면	당신	오다

저는 공부했어요. 왜냐하면 시험이 있어서요.

디찬	아ㄴ	낭쓰-	프러	마	써-ㅂ
ดิฉัน	**อ่าน**	**หนังสือ**	**เพราะ**	**มี**	**สอบ**
저	읽다	책	왜냐하면	있다	시험

단어 **เพราะ** 프러 왜냐하면, ~때문에 | **ตกใจ** 똑짜이 놀라다

 다양하게 응용하GO!

5번 따라하기 ☑️⬜⬜⬜⬜

1

카오	터-ㅇ씨-야	프러	낀	레우
เขา	ท้องเสีย	เพราะ	กิน	เร็ว
그	배탈나다	왜냐하면	먹다	빠르다

➡ 그는 배탈이 났어요. 왜냐하면 급하게 먹어서요.

2

너-ㅇ	마이	낀	후-아허-ㅁ	프러	펫
น้อง	ไม่	กิน	หัวหอม	เพราะ	เผ็ด
동생	아니다	먹다	양파	왜냐하면	맵다

➡ 동생은 양파를 먹지 않아요. 왜냐하면 매워서요.

3

트ㅓ-	뻰왓	프러	싸이	쓰-아	바-ㅇ
เธอ	เป็นหวัด	เพราะ	ใส่	เสื้อ	บาง
그녀	감기 걸리다	왜냐하면	입다	옷	얇다

➡ 그녀는 감기에 걸렸어요. 왜냐하면 옷을 얇게 입어서요.

4

프-안	끄로-ㅅ	프러	디찬	르-ㅁ	낫
เพื่อน	โกรธ	เพราะ	ดิฉัน	ลืม	นัด
친구	화나다	왜냐하면	저	잊어버리다	약속

➡ 친구는 화가 났어요. 왜냐하면 제가 약속을 잊어버려서요.

단어 ▸ **ท้องเสีย** 터-ㅇ씨-야 배탈나다 | **หัวหอม** 후-아허-ㅁ 양파 | **บาง** 바-ㅇ 얇다

패턴 083

"지루해서 노래를 들었어요."

ก็เลย
꺼-르ㅓ-이

'그래서', '그러므로'라는 의미로 쓰여 '결과', '인과관계'를 나타내는 접속사입니다. 주어가 없을 경우에는 문장 맨 앞에 위치하고, 주어가 있을 경우에는 '주어 + ก็เลย 꺼-르ㅓ-이' 순서로 쓰입니다. 이때, 주어와 순서를 바꾸어 쓰지 않도록 유의합니다.

🎧 083-1

핵심 패턴 3번 따라하기 ☑◻◻

지루해서 노래를 들었어요.

브-아	꺼-르ㅓ-이	퐝(f)	플레-ㅇ
เบื่อ	**ก็เลย**	**ฟัง**	**เพลง**
지루하다	그래서	듣다	노래

피곤해서 잠자리에 들었어요.

느-아이	꺼-르ㅓ-이	카오너-ㄴ
เหนื่อย	**ก็เลย**	**เข้านอน**
피곤하다	그래서	잠자리에 들다

> **Tip** 구어체에서는 '**ก็เลย** 꺼-르ㅓ-이'를, 문어체에서는 '**จึง** 쯩'을 써서 '그래서', '그러므로'라는 의미를 나타냅니다.

> **단어** **ก็เลย** 꺼-르ㅓ-이 그래서, 그러므로 | **เบื่อ** 브-아 지루하다

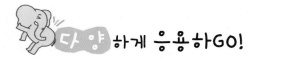
다양하게 응용하GO!

5번 따라하기 ✓⬜⬜⬜⬜

1

롯띳	마-ㄱ	꺼-르ㅓ-이	마-	싸-이
รถติด	**มาก**	**ก็เลย**	**มา**	**สาย**
차가 막히다	매우	그래서	오다	늦다

➡ 차가 너무 막혀서 늦었어요.

2

바-ㄴ	쏙까쁘록	꺼-르ㅓ-이	탐콰-ㅁ싸아-ㅅ
บ้าน	**สกปรก**	**ก็เลย**	**ทำความสะอาด**
집	더럽다	그래서	청소하다

➡ 집이 더러워서 청소를 했어요.

3

히우	꺼-르ㅓ-이	낀	꾸-아이띠-야우	깝	프-안
หิว	**ก็เลย**	**กิน**	**ก๋วยเตี๋ยว**	**กับ**	**เพื่อน**
배고프다	그래서	먹다	쌀국수	~와(과)	친구

➡ 배고파서 친구와 쌀국수를 먹었어요.

4

완니-	아-까-ㅅ	러-ㄴ	꺼-르ㅓ-이	쁘ㅓ-ㅅ	애-
วันนี้	**อากาศ**	**ร้อน**	**ก็เลย**	**เปิด**	**แอร์**
오늘	날씨	덥다	그래서	켜다	에어컨

➡ 오늘 날씨가 더워서 에어컨을 켰어요.

단어 **รถติด** 롯띳 차가 막히다 | **ก๋วยเตี๋ยว** 꾸-아이띠-야우 쌀국수 | **แอร์** 애- 에어컨

"그는 못생겼지만 착해요."

แต่

때-

'그러나', '하지만'이라는 의미로 쓰여 '역접'을 나타내는 접속사입니다.

🎧 084-1

패턴이랑 친해지GO!

핵심 패턴 3번 따라하기 ☑◻◻

그는 못생겼지만 착해요.

카오	나-끌리-얏	때-	짜이디-
เขา	น่าเกลียด	แต่	ใจดี
그	못생기다	그러나	착하다

저는 택시를 탔지만 늦었어요.

폼	큰	롯택씨-	때-	마-	싸-이
ผม	ขึ้น	รถแท็กซี่	แต่	มา	สาย
저	타다, 오르다	택시	그러나	오다	늦다

Tip '**แต่** 때-'가 수식사로 쓰여 동사 뒤 그리고 명사나 동사 앞에 위치하면 '~밖에 하지 않는다', '~만 하다'라는 상태의 한정을 뜻합니다.

★ **มีแต่คนไทย** 미- 때- 콘타이 태국인만 있다 | **ดูแต่ข่าว** 두- 때-카-우 뉴스 밖에 보지 않는다

단어 **แต่** 때- 그러나, 하지만 | **น่าเกลียด** 나-끌리-얏 못생기다, 추악하다

느리게 듣기 🎧 084-2   빠르게 듣기 🎧 084-3

5번 따라하기 ☑☐☐☐☐

1

카오	루-아이	때-	마이	미-쾀-ㅁ쑥
เขา	รวย	แต่	ไม่	มีความสุข
그	부유하다	그러나	아니다	행복하다

➡ 그는 부유하지만 행복하지 않아요.

2

라-ㄴ아-하-ㄴ	니-	라-카-	패-	때-	아러-이
ร้านอาหาร	นี้	ราคา	แพง	แต่	อร่อย
식당	이	가격	비싸다	그러나	맛있다

➡ 이 식당은 가격이 비싸지만 맛있어요.

3

낙싸대-ㅇ	난	쑤-아이	때-	싸대-ㅇ	마이 께-ㅇ
นักแสดง	นั้น	สวย	แต่	แสดง	ไม่เก่ง
배우	그	예쁘다	그러나	연기하다	잘하지 않다

➡ 그 배우는 예쁘지만 연기는 못해요.

4

디챤	크ㅓ-이	헨	얌운쎄-ㄴ	때-	마이 크ㅓ-이	낀
ดิฉัน	เคย	เห็น	ยำวุ้นเส้น	แต่	ไม่เคย	กิน
저	~한 적 있다	보다	얌운쎈	그러나	~한 적 없다	먹다

➡ 저는 얌운쎈을 본 적은 있지만 먹어 본 적은 없어요.

단어 **นักแสดง** 낙싸대-ㅇ 배우, 연기자 | **แสดง** 싸대-ㅇ 연기하다, 표현하다 | **เก่ง** 께-ㅇ 잘하다 | **ยำวุ้นเส้น**
얌운쎄-ㄴ 얌운쎈(태국식 당면 야채 무침)

STEP3 핵심 패턴 **219**

패턴 085

"사실 태국어를 말할 수 있어요."

จริงๆ แล้ว

찡찡래-우

'사실', '사실은'이라는 의미로, 문장 맨 앞에서 '사실은 ~하다'라고 쓰여 진실되게 말하는 경우에 씁니다.

🎧 085-1

패턴이랑 친해지GO!

핵심 패턴 3번 따라하기 ☑☐☐

사실 태국어를 말할 수 있어요.

จริงๆ แล้ว	พูด	ภาษาไทย	ได้
찡찡래-우	푸-ㅅ	파-싸- 타이	다이
사실	말하다	태국어	~할 수 있다

사실 애인과 헤어졌어요.

จริงๆ แล้ว	เลิก	กับ	แฟน	แล้ว
찡찡래-우	르ㅓ-ㄱ	깝	풰(f)-ㄴ	래-우
사실	끝나다	~와(과)	애인	~했다

> **Tip** 'จริงๆ แล้ว 찡찡래-우' 외에 '사실'을 나타내는 접속사로 'ที่จริง 티-찡', จริงอยู่ 찡유-'를 쓰기도 합니다.

> **단어** จริงๆ แล้ว 찡찡래-우 사실(은)

5번 따라하기 ☑◯◯◯◯

1

찡찡래-우   폼   뻰   루-ㄱ크릉

จริงๆ แล้ว   ผม   เป็น   ลูกครึ่ง
사실   저   ~이다   혼혈아

➜ 사실 저는 혼혈아예요.

2

찡찡래-우   마이 커-이   처-ㅂ   똠얌꿍

จริงๆ แล้ว   ไม่ค่อย   ชอบ   ต้มยำกุ้ง
사실   그다지 ~않다   좋아하다   똠얌꿍

➜ 사실 똠얌꿍을 그다지 좋아하지 않아요.

3

찡찡래-우   므-아와-ㄴ   트ㅓ-   미-   낫버-ㅅ

จริงๆ แล้ว   เมื่อวาน   เธอ   มี   นัดบอด
사실   어제   그녀   있다   소개팅

➜ 사실 그녀는 어제 소개팅이 있었어요.

4

찡찡래-우   완니-   미-   쌈파-ㅅ   카오탐응아-ㄴ

จริงๆ แล้ว   วันนี้   มี   สัมภาษณ์   เข้าทำงาน
사실   오늘   있다   면접   취업하다

➜ 사실 오늘 입사 면접이 있어요.

단어 **ลูกครึ่ง** 루-ㄱ크릉 혼혈아 | **นัดบอด** 낫버-ㅅ 소개팅 | **สัมภาษณ์** 쌈파-ㅅ 면접, 인터뷰하다 |
เข้าทำงาน 카오탐응아-ㄴ 취업하다

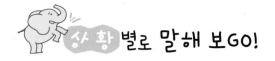

상황별로 말해 보GO!

▷ 패턴 080-082에서 배운 표현을 활용해 대답해 보세요. 🎧 085-4

저는 피곤해요. 왜냐하면 어제 잠을 못 자서요.

ผม เหนื่อย เพราะ เมื่อวาน นอน ไม่ หลับ
폼　느-아이　프러　므-아와-ㄴ　너-ㄴ　마이　랍

저도 피곤하고 배고파요.

ดิฉัน ก็ เหนื่อย และ หิว
디찬　꺼-　느-아이　래　히우

밥 먹고 나서 잠시 쉬어요.

กินข้าว แล้ว พักผ่อน สักครู่
낀카우　래-우　팍퍼-ㄴ　싹크루-

커피 마시고 나서 공원에서 바람 쐬요.

ดื่ม กาแฟ แล้ว กินลม ที่ สวน
드-ㅁ　까-풰(f)-　래-우　낀롬　티-　쑤-안

＋　　　　　　　　　　　　　　　　　＃

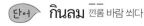 **กินลม** 낀롬 바람 쐬다

▷ 패턴 083-085에서 배운 표현을 활용해 대답해 보세요.

🎧 085-5

왜 늦게 왔어요?
ทำไม มา สาย
탐마이　마　싸-이

차가 너무 막혀서 늦었어요.
รถติด มาก ก็เลย มา สาย
롯띳　마-ㄱ　꺼-르ㅓ-이　마　싸-이

택시를 탔지만 늦었어요.
ขึ้น แท็กซี่ แต่ มา สาย
크ㄴ　택씨-　때-　마　싸-이

죄송합니다. 사실 늦게 일어났어요.
ขอโทษ จริงๆ แล้ว ตื่น สาย
커-토-ㅅ　찡찡래-우　뜨-ㄴ　싸-이

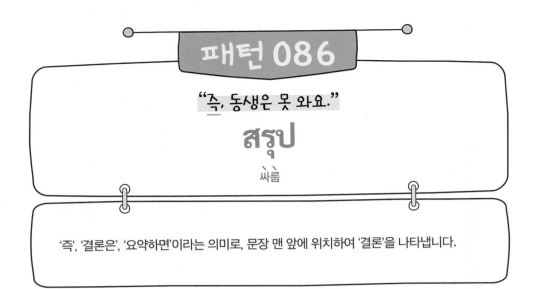

패턴 086

"즉, 동생은 못 와요."

สรุป

싸룹

'즉', '결론은', '요약하면'이라는 의미로, 문장 맨 앞에 위치하여 '결론'을 나타냅니다.

즉, 동생은 못 와요.

싸룹	너-ㅇ	마-	마이 다이
สรุป	น้อง	มา	ไม่ได้
즉	동생	오다	~할 수 없다

즉, 우리는 채소를 먹어야 해요.

싸룹	라오	떠-ㅇ	낀	팍
สรุป	เรา	ต้อง	กิน	ผัก
즉	우리	~해야 한다	먹다	채소

단어 **สรุป** 싸룹 즉, 결론은, 요약하면 | **ผัก** 팍 채소

5번 따라하기 ☑️⬜⬜⬜⬜

1

싸룹   쿤   탐   다이   유-래-우

สรุป   คุณ   ทำ   ได้   อยู่แล้ว

즉   당신   하다   ~할 수 있다   충분히

➡ 즉, 당신은 충분히 할 수 있어요.

2

싸룹   떠-ㅇ   킷   하이   러-ㅂ커-ㅂ

สรุป   ต้อง   คิด   ให้   รอบคอบ

즉   ~해야 한다   생각하다   ~하게   신중하다

➡ 즉, 신중하게 생각해야 해요.

3

싸룹   낭   롯퐈(f)이   디-꽈-   롯매-

สรุป   นั่ง   รถไฟ   ดีกว่า   รถเมล์

즉   앉다, 타다   기차   ~하는 것이 더 좋다   버스

➡ 즉, 버스보다 기차를 타는 것이 더 좋아요.

4

싸룹   떠-ㅇ   뜨루-앗   마이   땅때-   똔

สรุป   ต้อง   ตรวจ   ใหม่   ตั้งแต่   ต้น

즉   ~해야 한다   검사하다   다시, 새롭다   ~부터   처음

➡ 즉, 처음부터 재검토를 해야 해요.

단어   **อยู่แล้ว** 유-래-우 충분히 | **รอบคอบ** 러-ㅂ커-ㅂ 신중하다 | **ดีกว่า** 디-꽈- ~하는 것이 더 좋다(낫다) |
ตรวจ 뜨루-앗 검사하다 | **ตั้งแต่** 땅때- ~부터 | **ต้น** 똔 처음

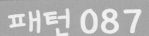

패턴 087

"그런데 저는 바빠요."

ว่าแต่
와-때-

'그런데', '그건 그렇고', '그나저나'라는 의미로, 문장 맨 앞에 위치하여 '화제의 전환'을 나타냅니다.

🎧 087-1

패턴이랑 친해지GO!

핵심 패턴 3번 따라하기 ☑□□

그런데 저는 바빠요.

와-때-	폼	융
ว่าแต่	**ผม**	**ยุ่ง**
그런데	저	바쁘다

그건 그렇고 당신은 시간 있어요?

와-때-	쿤	와-ㅇ	마이
ว่าแต่	**คุณ**	**ว่าง**	**ไหม**
그런데	당신	한가하다	~(인)가요?

단어 **ว่าแต่** 와-때- 그런데, 그건 그렇고, 그나저나 | **ว่าง** 와-ㅇ 한가하다, 비다

5번 따라하기 ☑️⬜⬜⬜⬜

1

와^때-	카오	유-	티^-나이
ว่าแต่	เขา	อยู่	ที่ไหน
그런데	그	있다	어디

➡️ 그런데 그는 어디에 있어요?

2

와^때-	미-	캄타-ㅁ	쑤-안뚜-아
ว่าแต่	มี	คำถาม	ส่วนตัว
그런데	있다	질문	개인적인

➡️ 그런데 개인적인 질문이 있어요.

3

와^때-	다이랍	커-콰-ㅁ	마이
ว่าแต่	ได้รับ	ข้อความ	ไหม
그런데	받다	메시지	~(인)가요?

➡️ 그건 그렇고 메시지 받았어요?

4

와^때-	프룽니^-	라오	빠이	나이
ว่าแต่	พรุ่งนี้	เรา	ไป	ไหน
그런데	내일	우리	가다	어디

➡️ 그나저나 우리 내일 어디 가요?

단어   **คำถาม** 캄타-ㅁ 질문 **| ส่วนตัว** 쑤-안뚜-아 개인적인, 사적인 **| ได้รับ** 다이^랍 받다 **| ข้อความ** 커^-콰-ㅁ
메시지, 내용

"만약 당신이 한가하다면 조금만 도와주세요."

ถ้า
타

'만약 ~(이)라면'이라는 의미로, 주로 첫 번째 절의 앞에 위치하여 '가정'이나 '조건'을 나타내는 접속사입니다.

🔊 088-1

핵심 패턴 3번 따라하기 ☑☐☐

만약 당신이 한가하다면 조금만 도와주세요.

타	쿤	와̂-ㅇ	추-아이	너-이
ถ้า	**คุณ**	**ว่าง**	**ช่วย**	**หน่อย**
만약 ~(이)라면	당신	한가하다	돕다	조금

만약 돈이 있다면 저는 치앙마이에 놀러 갈 거예요.

타	미-	응으ㅓ-ㄴ	디찬	빠이티-아우	치-양마이
ถ้า	**มี**	**เงิน**	**ดิฉัน**	**ไปเที่ยว**	**เชียงใหม่**
만약 ~(이)라면	있다	돈	저	놀러 가다	치앙마이

Tip '만약'의 의미를 나타낼 때, 접속사 '**หาก** 하ㄱ'을 쓰기도 합니다.

단어 **ถ้า** 타- 만약 ~(이)라면

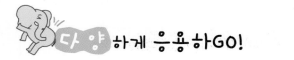
5번 따라하기 ☑☐☐☐☐

1

타ˆ　아-까ˆㅅ　디-　빠이티-야우　탈레ˊ

ถ้า　อากาศ　ดี　ไปเที่ยว　ทะเล

만약 ~(이)라면　날씨　좋다　놀러 가다　바다

➜ 만약 날씨가 좋으면 바다로 놀러 갈 거예요.

2

타ˆ　롯ˊ　라-카ˉ　짜ˋ　쓰ˊ　끄라빠우ˉ

ถ้า　ลด　ราคา　จะ　ซื้อ　กระเป๋า

만약 ~(이)라면 줄다　가격　~할 것이다　사다　가방

➜ 만약 할인한다면 가방을 살 거예요.

3

타ˆ　쿤ˉ　빠이ˉ　빠-띠ˆ　폼ˇ　꺼ˆ-　빠이ˉ

ถ้า　คุณ　ไป　ปาร์ตี้　ผม　ก็　ไป

만약 ~(이)라면 당신　가다　파티　저　~또한　가다

➜ 만약 당신이 파티에 간다면 저도 갈 거예요.

4

타ˆ　폰(f)ˇ　똑ˋ　디찬ˋ　짜ˋ　유ˋ　나이ˉ　바ˆㄴ

ถ้า　ฝน　ตก　ดิฉัน　จะ　อยู่　ใน　บ้าน

만약 ~(이)라면 비　내리다　저　~할 것이다　있다　~에(서)　집

➜ 만약 비가 온다면 저는 집에 있을 거예요.

 ก็ ˆ꺼- ~도, 또한

패턴 089

"비록 비가 오지만 저는 갈 거예요."

ถึงแม้ว่า

통매-와

'비록 ~(이)지만'이라는 의미로, 주로 첫 번째 절의 맨 앞에 위치하여 문장과 문장을 연결시키는 접속사입니다.

 패턴이랑 친해지GO!

🎧 089-1

핵심 패턴 3번 따라하기 ☑☐☐

비록 비가 오지만 저는 갈 거예요.

통매-와	폰(f)	똑	때-	폼	짜	빠이
ถึงแม้ว่า	**ฝน**	**ตก**	**แต่**	**ผม**	**จะ**	**ไป**
비록 ~(이)지만	비	내리다	그러나	저	~할 것이다	가다

비록 똑똑하지는 않지만 당신은 부지런해요.

통매-와	마이	찰라-ㅅ	때-	쿤	카얀
ถึงแม้ว่า	**ไม่**	**ฉลาด**	**แต่**	**คุณ**	**ขยัน**
비록 ~(이)지만	~하지 않다	똑똑하다	그러나	당신	부지런하다

Tip 'ถึง 틍'을 생략하고 '**แม้ว่า** 매-와-'만 쓰기도 합니다. 또한, 뒤에 연결되는 문장 앞에 종종 접속사 '**แต่** 때- 그러나'를 씁니다.

단어 **ถึงแม้ว่า** 틍매-와- 비록 ~(이)지만 | **แต่** 때- 그러나

1

ㆆㆍㆍ   ^ㆍ^   ㆍ-ㅠ   ㆍ^ㄱ   ㆍ-   ㆍㆍ-ㅇ
퉁매-와   퍼-매-   아-유   마-ㄱ   때-   캥래-ㅇ

ถึงแม้ว่า   พ่อแม่   อายุ   มาก   แต่   แข็งแรง

비록 ~(이)지만   부모님   나이   많다   그러나   건강하다

➡ 비록 부모님은 연세가 많으시지만 건강하세요.

2

ㆆㆍㆍ   ㆍ   ^ㆍㆍ-ㆍ   ㆍ-   ㆍ   ㆍㆍ-ㄴ
퉁매-와   디찬   마이 싸바-이   때-   빠이   탐응아-ㄴ

ถึงแม้ว่า   ดิฉัน   ไม่สบาย   แต่   ไป   ทำงาน

비록 ~(이)지만   저   아프다   그러나   가다   일하다

➡ 비록 저는 몸이 아프지만 일하러 가요.

3

ㆆㆍㆍ   ^ㆍ ㆍ-ㅇ   ㆍ-   ㆍ   ^ㅂ   ^ㄴ   ㆍ(f)ㆍ-ㄴ
퉁매-와   마이 께-ㅇ   때-   폼   처-ㅂ   레-ㄴ   풋(f)버-ㄴ

ถึงแม้ว่า   ไม่เก่ง   แต่   ผม   ชอบ   เล่น   ฟุตบอล

비록 ~(이)지만   잘하지 않다   그러나   저   좋아하다   하다, 놀다   축구

➡ 비록 잘하진 않지만 저는 축구를 좋아해요.

4

ㆆㆍ^   -ㅗ   -   ^ㆍ-ㅇ   ㆍ-   ㆍㆍㅣ   ㆍ-ㄱㆍㆍ-ㅇ ㄲㆍㄴ
퉁매-와   라오   뻰   피-너-ㅇ   때-   니싸이   때-ㄱ따-ㅇ 깐

ถึงแม้ว่า   เรา   เป็น   พี่น้อง   แต่   นิสัย   แตกต่างกัน

비록 ~(이)지만   우리   ~이다   형제, 자매   그러나   성격   서로 다르다

➡ 비록 우리는 자매(형제)지만 성격이 달라요.

단어   **แข็งแรง** 캥래-ㅇ 건강하다 | **ไม่สบาย** 마이 싸바-이 아프다 | **พี่น้อง** 피-너-ㅇ 형제, 자매 | **นิสัย** 니싸이 성격 | **แตกต่าง** 때-ㄱ따-ㅇ 다르다

패턴 090

"어쨌든 저는 배고파요."

อย่างไรก็ตาม
야`-ㅇ라이꺼-따-ㅁ

'어쨌든'이라는 의미로, 문장 맨 앞에 위치하여 대화를 일단락하거나 어떤 상황이든 관계 없음을 나타낼 때 쓰는 접속사입니다.

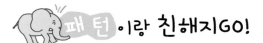

패턴이랑 친해지GO!

🎧 090-1
핵심 패턴 3번 따라하기 ✓▢▢

어쨌든 저는 배고파요.

야`-ㅇ라이꺼-따-ㅁ	폼ˇ	히우ˇ
อย่างไรก็ตาม	**ผม**	**หิว**
어쨌든	저	배고프다

어쨌든 그는 능력이 있어요.

야`-ㅇ라이꺼-따-ㅁ	카오ˇ	미-	콰-ㅁ싸ˇ-마-ㅅ^
อย่างไรก็ตาม	**เขา**	**มี**	**ความสามารถ**
어쨌든	그	있다	능력

Tip 'อย่างไรก็ตาม 야`-ㅇ라이꺼-따-ㅁ' 외에 '어쨌든'의 의미를 나타내는 접속사로 'ยังไงๆ 양응아이 양응아이'를 쓰기도 합니다.

단어 อย่างไรก็ตาม 야`-ㅇ라이꺼-따-ㅁ 어쨌든 | ความสามารถ 콰-ㅁ싸ˇ-마-ㅅ^ 능력

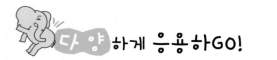

5번 따라하기 ☑️◯◯◯◯

1

야`·○라이꺼-따-ㅁ    카오    파야-야-ㅁ    유`-

อย่างไรก็ตาม   เขา   พยายาม   อยู่

어쨌든   그   노력하다   ~하는 중이다

➡ 어쨌든 그는 노력하고 있어요.

2

야`·○라이꺼-따-ㅁ   디찬   짜   빠이   끄라비-

อย่างไรก็ตาม   ดิฉัน   จะ   ไป   กระบี่

어쨌든   저   ~할 것이다   가다   끄라비

➡ 어쨌든 저는 끄라비에 갈 거예요.

3

야`·○라이꺼-따-ㅁ   떠-○   탐   파-이나이   완니-

อย่างไรก็ตาม   ต้อง   ทำ   ภายใน   วันนี้

어쨌든   ~해야 한다   하다   ~안에   오늘

➡ 어쨌든 오늘 안에 해야 해요.

4

야`·○라이꺼-따-ㅁ   디찬   마이 쏜짜이   나이   까-ㄴ때-○뚜아

อย่างไรก็ตาม   ดิฉัน   ไม่สนใจ   ใน   การแต่งตัว

어쨌든   저   관심이 없다   ~에   패션, 옷차림

➡ 어쨌든 저는 패션에 관심이 없어요.

단어   **พยายาม** 파야-야-ㅁ 노력하다 | **กระบี่** 끄라비- 끄라비(태국의 휴양지) | **ไม่สนใจ** 마이 쏜짜이 관심이 없다

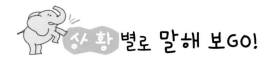

별로 말해 보GO!

▷ 패턴 086-088에서 배운 표현을 활용해 대답해 보세요.

🎧 090-4

그는 아직도 일하는 중이에요.

เขา ยัง ทำงาน อยู่
카오 양 탐응아ㄴ 유-

즉, 그는 못 와요?

สรุป เขา มา ไม่ได้ หรือ
싸룹 카오 마- 마이 다이 르-

그런데 그는 어디서 일해요?

ว่าแต่ เขา ทำงาน ที่ไหน
와-때- 카오 탐응아ㄴ 티-나이

만약 일이 끝나면 올 수 있어요?

ถ้า ทำงาน เสร็จ มา ได้ไหม
타- 탐응아ㄴ 쎄-ㅅ 마- 다이 마이

패턴 086~090에서 배운 내용을 암기 영상을 통해 복습해 보세요!

▷ 패턴 089-090에서 배운 표현을 활용해 대답해 보세요.

🎧 090-5

이 식당은 음식 가격이 저렴해요.

ร้านอาหาร นี้ ราคา อาหาร ถูก

라ㄴ아하ㄴ   니   라카   아하ㄴ   투ㄱ

비록 저렴할지라도 매우 맛있어요.

ถึงแม้ว่า ถูก แต่ อร่อย มาก

퉁매와   투ㄱ   때-   아러-이   마ㄱ

어쨌든 저는 지금 배고파요.

อย่างไรก็ตาม ตอนนี้ ดิฉัน หิว

야-ㅇ라이꺼-따-ㅁ   떠-ㄴ니-   디찬   히우

비록 음식을 남길지라도 여러 가지를 주문해요.

ถึงแม้ว่า อาหาร จะ เหลือ แต่ สั่ง หลายอย่าง

퉁매와   아하ㄴ   짜   르-아   때-   쌍   라-이야-ㅇ

 เหลือ 르-아 남다, 남기다 | **หลายอย่าง** 라-이야-ㅇ 여러 가지, 별별

"저는 눈이 올 <u>거라고</u> 생각해요."

คิดว่า

คิ̂ดว่า̂

'คิด 킷 생각하다' + 'ว่า 와 ~라고'를 함께 사용하여 '~라고 생각하다'라는 뜻을 나타냅니다.
주어 뒤에 위치하여 주어의 생각을 말할 때 씁니다.

🎧 091-1

핵심 패턴 3번 따라하기 ☑︎☐☐

저는 눈이 올 거라고 생각해요.

폼	킷와	히마	짜	똑
ผม	**คิดว่า**	**หิมะ**	**จะ**	**ตก**
저	~라고 생각하다	눈	~할 것이다	내리다

저는 태국인이 친절하다고 생각해요.

디찬	킷와	콘 타이	짜이디-
ดิฉัน	**คิดว่า**	**คนไทย**	**ใจดี**
저	~라고 생각하다	태국인	친절하다

단어 **คิดว่า** 킷와 ~라고 생각하다

5번 따라하기 ☑️◯◯◯◯

1

쿤 | 킷와 | 트ㅓ- | 쑤-아이 | 마이
คุณ | คิดว่า | เธอ | สวย | ไหม
당신 | ~라고 생각하다 | 그녀 | 예쁘다 | ~(인)가요?

➡ 당신은 그녀가 예쁘다고 생각해요?

2

카오 | 킷와 | 파-싸- 까올리- | 야-ㄱ
เขา | คิดว่า | ภาษาเกาหลี | ยาก
그 | ~라고 생각하다 | 한국어 | 어렵다

➡ 그는 한국어가 어렵다고 생각해요.

3

프-안 | 킷와 | 폼 | 융 | 싸므ㅓ-싸므ㅓ-
เพื่อน | คิดว่า | ผม | ยุ่ง | เสมอๆ
친구 | ~라고 생각하다 | 저 | 바쁘다 | 항상

➡ 친구는 제가 항상 바쁘다고 생각해요.

4

디찬 | 킷와 | 파낙응아-ㄴ | 킷응ㅓ-ㄴ | 핏
ดิฉัน | คิดว่า | พนักงาน | คิดเงิน | ผิด
저 | ~라고 생각하다 | 직원 | 계산하다 | 잘못되다

➡ 저는 직원이 잘못 계산했다고 생각해요.

단어 ▶ **คิดเงิน** 킷응ㅓ-ㄴ 계산하다 **|** **ผิด** 핏 잘못되다

"친구가 오늘 덥다고 말했어요."

บอกว่า

버-ㄱ와

'บอก 버-ㄱ 말하다' + 'ว่า 와 ~라고'를 함께 사용하여 '~라고 말하다'라는 뜻을 나타냅니다.
주어 뒤에 위치하여 주어가 하는 말을 인용할 때 씁니다.

 패턴이랑 친해지GO!

🎧 092-1

핵심 패턴 3번 따라하기 ☑☐☐

친구가 오늘 덥다고 말했어요.

프-안	버-ㄱ와	완니	러-ㄴ
เพื่อน	**บอกว่า**	**วันนี้**	**ร้อน**
친구	~라고 말하다	오늘	덥다

플러이는 태국 음식을 좋아한다고 말했어요.

플러-이	버-ㄱ와	처-ㅂ	아-하-ㄴ 타이
พลอย	**บอกว่า**	**ชอบ**	**อาหารไทย**
플러이	~라고 말하다	좋아하다	태국 음식

단어 **บอกว่า** 버-ㄱ와 ~라고 말하다

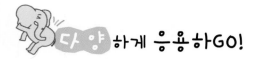

1

카오 / 버-ㄱ와^ / 미- / 페(f)-ㄴ

เขา   บอกว่า   มี   แฟน

그   ~라고 말하다   있다   애인

➡ 그는 애인이 있다고 말했어요.

2

너-ㅇ / 버-ㄱ와^ / 으(y)-ㅁ / 쓰^아 / 커-ㅇ / 피-

น้อง   บอกว่า   ยืม   เสื้อ   ของ   พี่

동생   ~라고 말하다   빌리다   옷   ~의   손위 형제자매

➡ 동생은 언니[오빠]의 옷을 빌린다고 말했어요.

3

짜오커-ㅇ / 버-ㄱ와^ / 완니- / 미- / 쁘라춤

เจ้าของ   บอกว่า   วันนี้   มี   ประชุม

사장   ~라고 말하다   오늘   있다   회의

➡ 사장님께서 오늘 회의가 있다고 말씀하셨어요.

4

쿤매- / 버-ㄱ와^ / 쿤퍼- / 유- / 나이 / 허-ㅇ남

คุณแม่   บอกว่า   คุณพ่อ   อยู่   ใน   ห้องน้ำ

어머니   ~라고 말하다   아버지   있다   ~에   화장실

➡ 어머니는 아버지께서 화장실에 계신다고 말씀하셨어요.

단어   **ยืม** 으(y)-ㅁ 빌리다 | **เจ้าของ** 짜오커-ㅇ 사장, 주인 | **ประชุม** 쁘라춤 회의

"동생은 선생님이 <u>되기로 결심했어요</u>."

ตัดสินใจว่า

딷씬짜이와-

'ตัดสินใจ 딷씬짜이 결심하다' + 'ว่า 와- ~라고'를 함께 사용하여 '~라고 결심하다', '~라고 결정하다라는 뜻을 나타냅니다. 주어 뒤에 위치하여 주어의 결심을 표현할 때 씁니다.

🎧 093-1

패턴이랑 친해지GO!

핵심 패턴 3번 따라하기 ☑☐☐

동생은 선생님이 되기로 결심했어요.

너-ㅇ	딷씬짜이와-	짜	뻰	크루-
น้อง	**ตัดสินใจว่า**	**จะ**	**เป็น**	**ครู**
동생	~라고 결심하다	~할 것이다	~이 되다	교사

저는 대학교에 들어가기로 결심했어요.

디찬	딷씬짜이와-	짜	카오	마하-윗타야-라이
ดิฉัน	**ตัดสินใจว่า**	**จะ**	**เข้า**	**มหาวิทยาลัย**
저	~라고 결심하다	~할 것이다	들어가다	대학교

단어 **ตัดสินใจว่า** 딷씬짜이와- ~라고 결심하다, 결정하다

1

폼 ˇ　　땃씬짜이와 ˋˇ－ˆ　　짜 ˋ　　쁘라얏 ˋ　　응으어ˋ－ㄴ

ผม　ตัดสินใจว่า　จะ　ประหยัด　เงิน

저　~라고 결심하다　~할 것이다　절약하다　돈

➜ 저는 돈을 절약하기로 결심했어요.

2

디찬 ˋˋ　　땃씬짜이와 ˋˇ－ˆ　　짜 ˋ　　롯콰－ㅁ우ˆ안

ดิฉัน　ตัดสินใจว่า　จะ　ลดความอ้วน

저　~라고 결심하다　~할 것이다　다이어트하다

➜ 저는 다이어트하기로 결심했어요.

3

트ㅓ－　　땃씬짜이와 ˋˇ－ˆ　　짜 ˇˋ　　땃폼 ˋˇ　　하이 ˆ　　싼 ˆ

เธอ　ตัดสินใจว่า　จะ　ตัดผม　ให้　สั้น

그녀　~라고 결심하다　~할 것이다 머리카락을 자르다　~하게　짧다

➜ 그녀는 머리카락을 짧게 자르기로 결심했어요.

4

카오 ˇ　　땃씬짜이와 ˋˇˇ－ˆ　　짜 ˇˋ　　콥 ˋ　　풰(f)－ㄴ ˉ　　마이 ˋ

เขา　ตัดสินใจว่า　จะ　คบ　แฟน　ใหม่

그　~라고 결심하다　~할 것이다　사귀다　애인　새롭다

➜ 그는 새로운 애인을 사귀기로 결심했어요.

단어 **ประหยัด** ˋˋ 쁘라얏 절약하다 | **คบ** ˋ 콥 사귀다

패턴 094

"저는 그가 아프다고 확신해요."

แน่ใจว่า

내-짜이와-

'แน่ใจ 내-짜이 확신하다' + 'ว่า 와 ~라고'를 함께 사용하여 '~라고 확신하다'라는 뜻을 나타냅니다. 주어 뒤에 위치하여 주어의 확신을 표현할 때 씁니다.

🎧 094-1

이랑 친해지GO!

핵심 패턴 3번 따라하기 ☑️☐☐

저는 그가 아프다고 확신해요.

폼	내-짜이와-	카오	뿌-아이
ผม	**แน่ใจว่า**	**เขา**	**ป่วย**
저	~라고 확신하다	그	아프다

저는 그가 한국인이라고 확신해요.

디찬	내-짜이와-	카오	뻰	콘 까올리-
ดิฉัน	**แน่ใจว่า**	**เขา**	**เป็น**	**คนเกาหลี**
저	~라고 확신하다	그	~이다	한국인

단어   **แน่ใจว่า** 내-짜이와- ~라고 확신하다

5번 따라하기 ☑☐☐☐☐

1

카오	내-짜이와-	써-ㅂ파-ㄴ	다이
เขา	แน่ใจว่า	สอบผ่าน	ได้
그	~라고 확신하다	시험에 합격하다	~할 수 있다

➡ 그는 시험에 합격할 수 있다고 확신해요.

2

트ㅓ-	내-짜이와-	크랑니-	르-안칸
เธอ	แน่ใจว่า	ครั้งนี้	เลื่อนขั้น
그녀	~라고 확신하다	이번	승진하다

➡ 그녀는 이번에 승진할 거라고 확신해요.

3

폼	내-짜이와-	쿤	처-ㅂ	티-난
ผม	แน่ใจว่า	คุณ	ชอบ	ที่นั่น
저	~라고 확신하다	당신	좋아하다	그곳

➡ 저는 당신이 그곳을 좋아할 거라고 확신해요.

4

디찬	내-짜이와-	카오	탐응아-ㄴ	니-	다이
ดิฉัน	แน่ใจว่า	เขา	ทำงาน	นี้	ได้
저	~라고 확신하다	그	일	이	~할 수 있다

➡ 저는 그가 이 일을 할 수 있다고 확신해요.

단어 **สอบผ่าน** 써-ㅂ파-ㄴ 시험에 합격하다, 시험을 통과하다 | **เลื่อนขั้น** 르-안칸 승진하다

패턴 095

"저는 비싸다고 느껴요."

รู้สึกว่า
루-쓱와

'รู้สึก 루-쓱 느끼다' + 'ว่า 와 ~라고'를 함께 사용하여 '~라고 느끼다', '~라고 생각하다'라는 뜻을 나타냅니다. 주어 뒤에 위치하여 주어의 느낌이나 생각을 표현할 때 씁니다.

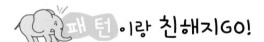

패턴이랑 친해지GO!

🎧 095-1

핵심 패턴 3번 따라하기 ☑☐☐

저는 비싸다고 느껴요.

폼	루-쓱와	패-ㅇ
ผม	**รู้สึกว่า**	**แพง**
저	~라고 느끼다	비싸다

저는 덥다고 느껴요.

디찬	루-쓱와	러-ㄴ
ดิฉัน	**รู้สึกว่า**	**ร้อน**
저	~라고 느끼다	덥다

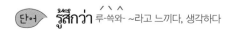

รู้สึกว่า 루-쓱와 ~라고 느끼다, 생각하다

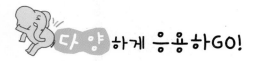

5번 따라하기 ☑️⬜⬜⬜⬜

1

ว̌ม   รู้สึกว่า   กลัว   ผี
폼   루-쓱와-   끌루-아   피-
저   ~라고 느끼다   무섭다   귀신

➡ 저는 귀신을 무섭다고 느껴요.

2

เธอ   รู้สึกว่า   ภูมิใจ   ในตัวคุณ
트ㅓ-   루-쓱와-   푸-ㅁ짜이   나이뚜아쿤
그녀   ~라고 느끼다   자랑스럽다   당신

➡ 그녀는 당신을 자랑스럽다고 생각해요.

3

ว̌ม   รู้สึกว่า   เหนื่อย   เพราะ   ปีนเขา
폼   루-쓱와-   느-아이   프러   삐-ㄴ카오
저   ~라고 느끼다   피곤하다   왜냐하면   등산하다

➡ 저는 등산해서 피곤하다고 느껴요.

4

เขา   รู้สึกว่า   ดีใจ   เพราะ   ได้   ที่ 1
카오   루-쓱와-   디-짜이   프러   다이   티-등
그   ~라고 느끼다   기쁘다   왜냐하면   얻다   1등

➡ 그는 1등을 해서 기쁘다고 느껴요.

단어   **กลัว** 끌루-아 무섭다 | **ภูมิใจ** 푸-ㅁ짜이 자랑스럽다 | **ในตัวคุณ** 나이뚜아쿤 당신 | **ที่** 티-제~(서수사 접두사)

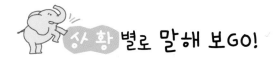

상황별로 말해 보GO!

▷ 패턴 091-092에서 배운 표현을 활용해 대답해 보세요.

🎧 095-4

저는 하얀색 신발이 예쁘다고 생각해요.

ผม คิดว่า รองเท้า สีขาว สวย
폼 킷와- 러-ㅇ타오 씨카우 쑤-아이

저는 초록색이 더 예쁘다고 생각해요.

ดิฉัน คิดว่า สีเขียว สวย กว่า
디찬 킷와- 씨-키-야우 쑤-아이 꽈-

저는 하얀색이 당신과 잘 어울린다고 생각해요.

ผม คิดว่า สีขาว เหมาะกับ คุณ
폼 킷와- 씨-카우 므ㅓ깝 쿤

그런데 직원이 하얀색은 품절이라고 말했어요.

แต่ พนักงาน บอกว่า สีขาว หมด แล้ว
때- 파낙응아-ㄴ 버-ㄱ와- 씨-카우 못 래-우

 สีขาว 씨카우 하얀색 | **สีเขียว** 씨-키-야우 초록색 | **หมด** 못 없어지다, 전부

패턴 091-095에서 배운 내용을
암기 영상을 통해 복습해 보세요!

▷ 패턴 093-095에서 배운 표현을 활용해 대답해 보세요.

🎧 095-5

저는 의사가 되기로 결심했어요.

ดิฉัน ตัดสินใจว่า จะ เป็น หมอ

디찬 / 땃씬짜이와- / 짜 / 뻰 / 머-

저는 당신이 할 수 있을 거라고 확신해요.

ผม แน่ใจว่า คุณ ทำ ได้

폼 / 내-짜이와- / 쿤 / 탐 / 다이

저는 의사가 어려운(힘든) 직업이라고 느껴져요.

ดิฉัน รู้สึกว่า หมอ เป็น อาชีพ ที่ลำบาก

디찬 / 루-쓱와- / 머- / 뻰 / 아-치-ㅂ / 티- / 람바-ㄱ

저는 선생님이 되기로 결심했어요.

ผม ตัดสินใจว่า จะ เป็น ครู

폼 / 땃씬짜이와- / 짜 / 뻰 / 크루-

 หมอ 머- 의사 | **อาชีพ** 아-치-ㅂ 직업 | **ที่** 티- ~인, ~한 | **ลำบาก** 람바-ㄱ 어렵다, 힘들다

STEP3 핵심 패턴 **247**

패턴 096

"저는 당신에게 동생이 있는 <u>줄 알았어요</u>."

นึกว่า
늑^와

'นึก 늑 생각하다' + 'ว่า 와^ ~라고'를 함께 사용하여 '~라고 생각했다', '~(인) 줄 알았다'라는 뜻을
나타냅니다. 주어 뒤에 위치하여 주어의 과거 생각을 표현할 때 씁니다.

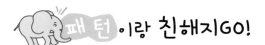

🎧 096-1

핵심 패턴 3번 따라하기 ✓◻◻

저는 당신에게 동생이 있는 줄 알았어요.

폼	늑^와	쿤	미-	너-ㅇ
ผม	**นึกว่า**	**คุณ**	**มี**	**น้อง**
저	~(인) 줄 알았다	당신	있다	동생

저는 오늘이 금요일인 줄 알았어요.

디찬	늑^와	완니-	뻰	완쑥
ดิฉัน	**นึกว่า**	**วันนี้**	**เป็น**	**วันศุกร์**
저	~(인) 줄 알았다	오늘	~이다	금요일

단어) **นึกว่า** 늑^와 ~라고 생각했다, ~(인) 줄 알았다 | **วันศุกร์** 완쑥 금요일

하게 응용하GO!

느리게 듣기 🎧 096-2   빠르게 듣기 🎧 096-3

5번 따라하기 ☑◯◯◯◯

1

폼 늑와 프-안 뻰 콘 찌-ㄴ

ผม นึกว่า เพื่อน เป็น คนจีน

저 ~(인) 줄 알았다 친구 ~이다 중국인

➡ 저는 친구가 중국인인 줄 알았어요.

2

디찬 늑와 카오 캅롯 다이

ดิฉัน นึกว่า เขา ขับรถ ได้

저 ~(인) 줄 알았다 그 운전하다 ~할 수 있다

➡ 저는 그가 운전할 줄 아는 줄 알았어요.

3

폼 늑와 카오 뻰 싸-미- 커-ㅇ 쿤

ผม นึกว่า เขา เป็น สามี ของ คุณ

저 ~(인) 줄 알았다 그 ~이다 남편 ~의 당신

➡ 저는 그가 당신의 남편인 줄 알았어요.

4

디찬 늑와 라오 폽 티- 싸타-니- 랏차다-

ดิฉัน นึกว่า เรา พบ ที่ สถานีรัชดา

저 ~(인) 줄 알았다 우리 만나다 ~에(서) 라차다역

➡ 저는 우리가 라차다역에서 만나는 줄 알았어요.

단어 **คนจีน** 콘 찌-ㄴ 중국인 | **สามี** 싸-미- 남편 | **สถานีรัชดา** 싸타-니- 랏차다- 라차다역

패턴 097

"저는 당신이 이해하길 바라요."

หวังว่า

왕와

'หวัง 왕 바라다, 희망하다' + 'ว่า 와 ~라고'를 함께 사용하여 '~하길 바라다'라는 뜻을 나타냅니다. 주어 뒤에 위치하여 주어의 희망을 표현할 때 씁니다.

 이랑 친해지GO!

🎧 097-1

핵심 패턴 3번 따라하기 ☑☐☐

저는 당신이 이해하길 바라요.

폼	왕와	쿤	짜	카오짜이
ผม	**หวังว่า**	**คุณ**	**จะ**	**เข้าใจ**
저	~하길 바라다	당신	~할 것이다	이해하다

저는 당신이 행복하길 바라요.

디찬	왕와	쿤	짜	미-콰-ㅁ쑥
ดิฉัน	**หวังว่า**	**คุณ**	**จะ**	**มีความสุข**
저	~하길 바라다	당신	~할 것이다	행복하다

 หวังว่า 왕와 ~하길 바라다

5번 따라하기 ☑️⬜⬜⬜⬜

1

왕와	쿤	짜	투-ㄱ짜이깝	티-니-
หวังว่า	คุณ	จะ	ถูกใจกับ	ที่นี่
~하길 바라다	당신	~할 것이다	~이(가) 마음에 들다	이곳

➡ 당신이 이곳을 마음에 들어하길 바라요.

2

왕와	쿤매-	하-이	뿌-아이	레우레우
หวังว่า	คุณแม่	หาย	ป่วย	เร็วๆ
~하길 바라다	어머니	낫다	아프다	빨리

➡ 어머니께서 빨리 나으시길 바라요.

3

왕와	트ㅓ-	유-	카ㅇ카ㅇ	폼	싸므ㅓ-싸므ㅓ-
หวังว่า	เธอ	อยู่	ข้างๆ	ผม	เสมอๆ
~하길 바라다	그녀	있다	옆, 곁에	저	항상

➡ 그녀가 항상 제 곁에 있길 바라요.

4

왕와	라오	리-얀쫍	래-우	쯔ㅓ-	깐	마이
หวังว่า	เรา	เรียนจบ	แล้ว	เจอ	กัน	ใหม่
~하길 바라다	우리	졸업하다	그러고 나서	만나다	서로	다시

➡ 우리 졸업한 후에 다시 만나길 바라요.

단어 **ถูกใจกับ** 투-ㄱ짜이깝 ~이(가) 마음에 들다 **| ข้างๆ** 카ㅇ카ㅇ 옆, 곁에

패턴 098

"저는 그가 시간이 없을까 걱정이에요."

กลัวว่า

끌루-아와

'กลัว 끌루-아 두려워하다, 염려하다' + 'ว่า 와 ~라고'를 함께 사용하여 '~할까 걱정이다'라는 뜻을 나타냅니다. 주어 뒤에 위치하여 주어가 걱정하는 것을 표현할 때 씁니다.

🎧 098-1

핵심 패턴 3번 따라하기 ☑☐☐

패턴이랑 친해지GO!

저는 그가 시간이 없을까 걱정이에요.

폼	끌루-아와	카오	마이	와-ㅇ
ผม	**กลัวว่า**	**เขา**	**ไม่**	**ว่าง**
저	~할까 걱정이다	그	~하지 않다	한가하다

저는 당신이 싫어할까 걱정이에요.

디찬	끌루-아와	쿤	마이	처-ㅂ
ดิฉัน	**กลัวว่า**	**คุณ**	**ไม่**	**ชอบ**
저	~할까 걱정이다	당신	~하지 않다	좋아하다

> **단어** กลัวว่า 끌루-아와 ~할까 걱정이다

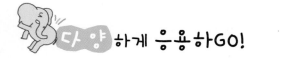

5번 따라하기 ☑️□□□□

1

ㆍ폼 / ᐯ끌루-아^와 / ᐯ푸-ᐯ / ᐯ핏플라^ᐯ

ผม   กลัวว่า   พูด   ผิดพลาด
저   ~할까 걱정이다   말하다   실수하다

➡ 저는 말실수할까 걱정이에요.

2

ㆍ디찬 / 끌루-아^와 / 두^- / 우^-안 / ᐯ꽈 / 싸므^ -

ดิฉัน   กลัวว่า   ดู   อ้วน   กว่า   เสมอ
저   ~할까 걱정이다   보이다   뚱뚱하다   ~보다   평소

➡ 저는 평소보다 뚱뚱해 보일까 걱정이에요.

3

ᐯ매^- / 끌루^아와 / 루^-ㄱ / 다이^랍 / ᐯ바-ᐯ쩹

แม่   กลัวว่า   ลูก   ได้รับ   บาดเจ็บ
어머니   ~할까 걱정이다   자식, 자녀   받다, 얻다   다치다

➡ 어머니는 자식이 다칠까 걱정이에요.

4

프^-안 / 끌루-아^와^ / 아^-하-ㄴ / 마^이 / 아러^-이ᐯ

เพื่อน   กลัวว่า   อาหาร   ไม่   อร่อย
친구   ~할까 걱정이다   음식   ~하지 않다   맛있다

➡ 친구는 음식이 맛이 없을까 걱정이에요.

단어 **ผิดพลาด** 핏플라^ᐯ 실수하다 | **เสมอ** 싸므^ - 평소 | **บาดเจ็บ** 바-ᐯ쩹 다치다, 상처를 입다

패턴 099

"우리는 당신이 먹는 것을 좋아하는 걸 알아요."

รู้ว่า

루-와

'รู้ 루- 알다' + 'ว่า 와 ~라고'를 함께 사용하여 '~(인) 것을 알다'라는 뜻을 나타냅니다. 주어 뒤에 위치하여 주어가 이미 알고 있는 사실을 표현할 때 씁니다.

🎧 099-1

핵심 패턴 3번 따라하기 ✓☐☐

우리는 당신이 먹는 것을 좋아하는 걸 알아요.

라오	루-와	쿤	처-ㅂ	낀
เรา	**รู้ว่า**	**คุณ**	**ชอบ**	**กิน**
우리	~(인) 것을 알다	당신	좋아하다	먹다

우리는 당신이 방학한 걸 알아요.

라오	루-와	쿤	삣ㅓ-ㅁ
เรา	**รู้ว่า**	**คุณ**	**ปิดเทอม**
우리	~(인) 것을 알다	당신	방학하다

 รู้ว่า 루-와 ~(인) 것을 알다 | **ปิดเทอม** 삣ㅓ-ㅁ 방학하다

5번 따라하기 ☑□□□□

1

폼　루-와-　탐마이　카오　러-ㅇ하이

ผม รู้ว่า ทำไม เขา ร้องไห้

저　~(인) 것을 알다　왜　그　울다

➡ 저는 그가 왜 우는지 알아요.

2

디찬　루-와-　추-앙니-　쿤　루-쓱　느-아이

ดิฉัน รู้ว่า ช่วงนี้ คุณ รู้สึก เหนื่อย

저　~(인) 것을 알다　요즘　당신　느끼다　지치다, 피곤하다

➡ 저는 요즘 당신이 지쳤다는 걸 알아요.

3

퍼-매-　루-와-　루-ㄱ　푸-ㅅ꼬-혹　바-ㅇ크랑

พ่อแม่ รู้ว่า ลูก พูดโกหก บางครั้ง

부모님　~(인) 것을 알다　자녀, 자식　거짓말하다　가끔

➡ 부모님은 자녀가 가끔 거짓말하는 걸 알아요.

4

카오　루-와-　트ㅓ-　뻰　프-안　커-ㅇ　디찬

เขา รู้ว่า เธอ เป็น เพื่อน ของ ดิฉัน

그　~(인) 것을 알다　그녀　~이다　친구　~의　저

➡ 그는 그녀가 저의 친구인 걸 알아요.

패턴 100

"저는 무엇을 할지 몰라요."

ไม่รู้ว่า

마이루-와-

> 'ไม่รู้ 마이루- 모르다' + 'ว่า 와- ~라고'를 함께 사용하여 '~(인) 것을 모르다'라는 뜻을 나타냅니다. 주어 뒤에 위치하여 주어가 모르는 사실을 말할 때 씁니다.

패턴이랑 친해지GO!

🎧 100-1

핵심 패턴 3번 따라하기 ☑☐☐

저는 무엇을 할지 몰라요.

폼	마이루-와-	짜	탐	아라이
ผม	**ไม่รู้ว่า**	**จะ**	**ทำ**	**อะไร**
저	~을(를) 모르다	~할 것이다	하다	무엇

저는 비가 올지 안 올지 몰라요.

디찬	마이루-와-	폰(f)	짜	똑	르-	마이
ดิฉัน	**ไม่รู้ว่า**	**ฝน**	**จะ**	**ตก**	**หรือ**	**ไม่**
저	~을(를) 모르다	비	~할 것이다	내리다	혹은	아니다

Tip '동사 + หรือ 르- + ไม่ 마이'는 '(동사)할지 (동사)하지 않을지'라는 표현으로, 종종 ไม่รู้ว่า 마이루-와-'와 함께 쓰여 '~할지 ~하지 않을지 모른다'라는 문장을 만듭니다.

단어 ไม่รู้ว่า 마이루-와- ~을(를) 모르다

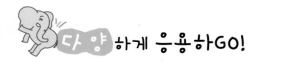 하게 응용하GO!

5번 따라하기 ☑◯◯◯◯

1

폼 | 마이루-와- | 쿤 | 뺀 | 크라이
ผม | ไม่รู้ว่า | คุณ | เป็น | ใคร
저 | ~을(를) 모르다 | 당신 | ~이다 | 누구

➡ 저는 당신이 누구인지 몰라요.

2

디찬 | 마이루-와- | 빠이 | 푸-껫 | 야-ᵒ라이
ดิฉัน | ไม่รู้ว่า | ไป | ภูเก็ต | อย่างไร
저 | ~을(를) 모르다 | 가다 | 푸켓 | 어떻게

➡ 저는 푸켓에 어떻게 가는지 몰라요.

3

카오 | 마이루-와- | 꾼째- | 유- | 티-나이
เขา | ไม่รู้ว่า | กุญแจ | อยู่ | ที่ไหน
그 | ~을(를) 모르다 | 열쇠 | 있다 | 어디

➡ 그는 열쇠가 어디에 있는지 몰라요.

4

트ㅓ- | 마이루-와- | 콰-ㅁ찡 | 크- | 아라이
เธอ | ไม่รู้ว่า | ความจริง | คือ | อะไร
그녀 | ~을(를) 모르다 | 진실, 사실 | ~이다 | 무엇

➡ 그녀는 진실이 무엇인지 몰라요.

단어 **ภูเก็ต** 푸-껫 푸켓(태국 최대의 휴양지) | **กุญแจ** 꾼째- 열쇠 | **ความจริง** 콰-ㅁ찡 진실, 사실

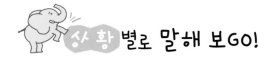
상황별로 말해 보GO!

▷ 패턴 096-098에서 배운 표현을 활용해 대답해 보세요.

🎧 100-4

우리 약속한 대로 내일 역에서 만나요.

พรุ่งนี้ เรา จะ พบ ที่ สถานี ตาม นัด
프룽니-   라오   짜   폽   티-   싸타-니-   따-ㅁ   낫

저는 오늘 만나는 줄 알았어요.

ดิฉัน นึกว่า พบ กัน วันนี้
디찬   늑와-   폽   깐   완니-

저는 내일 날씨가 좋길 바라요.

ผม หวังว่า พรุ่งนี้ อากาศ ดี
폼   왕와-   프룽니-   아-까ㅅ   디-

저는 내일 비가 올까 걱정이에요.

ดิฉัน กลัวว่า พรุ่งนี้ ฝน ตก
디찬   끌루-아와-   프룽니-   폰(f)   똑

 ตาม 따-ㅁ ~에 따라, ~대로

▷ 패턴 099-100에서 배운 표현을 활용해 대답해 보세요.

패턴 096-100에서 배운 내용을 암기 영상을 통해 복습해 보세요!

🎧 100-5

그는 언제 오나요?

เขา มา เมื่อไหร่

카오　마-　므-아라이

저는 그가 오는 중이라고 알고 있어요.

ผม รู้ว่า เขา กำลัง มา

폼　루-와-　카오　깜랑　마-

저는 그가 어디 있는지 몰라요.

ดิฉัน ไม่รู้ว่า เขา อยู่ ที่ไหน

디찬　마이루-와-　카오　유-　티-나이

저는 그가 아리역에서 온다고 알고 있어요.

ผม รู้ว่า เขา มา จาก สถานีอารีย์

폼　루-와-　카오　마-　짜-ㄱ　싸타-니-아리-

단어 **กำลัง** 깜랑 (현재진행형 조동사) ~하는 중이다 **| สถานีอารีย์** 싸타-니- 아리- 아리역

STEP3 핵심 패턴 **259**